# ¿Me Lees un Cuento de Navidad?

Francesca Mascheroni

# ¿Me Lees un Cuento de Navidad?

25 narraciones repletas de
curiosidades, recetas y actividades

Ilustraciones de Fabrizio Zubani

Paulinas

Traducción: Mª Jesús García González.
Gráfica: Ivo Kaplun.

© PAULINAS 2024
Carril del Conde, 62 - 28043 Madrid
Tel.: 91 721 89 84 - Fax: 91 759 02 04
E-mail: editorial@paulinas.es
www.paulinas.es

PAOLINE Editoriale Libri
© FIGLIE DI SAN PAOLO, 2017

ISBN: 978-84-19408-37-2
Depósito Legal: M-20145-2024

Impreso por Gar.Vi. 28970 Humanes (Madrid)
Printed in Spain. Impreso en España

# Esperando la Navidad

–Mamá, ¿cuánto falta para Navidad? –preguntan los gemelos Clara y Marcos.

–Veinticinco días –responde su madre–, hay que esperar un poco...

–¿Como cuando quiero beber chocolate pero la abuela me dice que tengo que dejar pasar un rato para que se enfríe, porque si no me quemaría la lengua? –quiere saber Clara.

–Más.

–Como cuando quiero hacer un muñeco de nieve pero tengo que esperar a que haya nevado lo suficiente? –pregunta Marcos.

–Más.

–¿Como cuando quiero montar en el columpio pero tengo que esperar a que se baje el niño que está subido? –insiste Clara.

–Más.

–¡Qué difícil es esperar...! –exclaman al mismo tiempo los dos niños.

Sí, esperar es difícil, especialmente para quien, como Clara y Marcos, aún no ha aprendido a calcular bien el tiempo.

A mamá, a quien le encanta escribir, se le ocurre una idea: escribirá para ellos unos breves relatos navideños, uno para cada día que falta para Navidad. Y todas las noches, antes de irse a dormir, leerán uno juntos.

–Este pequeño ritual os hará más fácil y agradable la espera –dice.

–¿Qué es un «ritual»? –pregunta Clara con curiosidad.

–Es algo que se repite en el tiempo y que tiene un significado especial –explica su madre–. La Navidad tiene muchos ritos: poner el belén, decorar la casa con los adornos navideños, preparar platos especiales, hacer regalos a las personas a las que quieres... Todos ellos son signos de alegría que nos preparan para celebrar ese día tan importante: ¡el día del nacimiento de Jesús!

–¡Qué idea tan buena has tenido, mamá! –dice Clara dándole un abrazo–. ¿Por qué no compartimos este ritual también con otros niños? Así ellos también podrán leer tus cuentos cada noche.

–¡Qué buena idea has tenido! –le responde ella, devolviéndole el abrazo.

De ahí nació este libro. Al igual que Clara y Marcos, también tú podrás hacer que alguien te lea un cuento cada día. Como ellos, página a página, sentirás la alegría de la Navidad que se acerca.

# ¿QUÉ SIGNIFICA ADVIENTO?

La palabra «Adviento» significa «venida»: se llama así al tiempo de espera que precede a la Navidad, es decir, a la llegada de Jesús entre nosotros.

Un rasgo característico de este tiempo especial, que se prolonga durante 4 semanas (6 en el rito ambrosiano) es la «corona de Adviento», formada por una guirnalda con 4 (o 6) velas de color rojo o de distintos colores, una para cada domingo.

Otra tradición que a los niños les gusta mucho es el «calendario de Adviento»: una cartulina con 24 ventanas dentro de las cuales hay una pequeña imagen navideña. Cada día se abre una ventanita.

El primer calendario de Adviento lo imprimió en 1908 en Alemania un señor llamado Gerhard Lang. Hoy hay calendarios de Adviento hechos de muchas maneras diferentes: con cajitas, cajoncitos o saquitos de tela dentro los cuales se esconde un regalito (una chocolatina, un caramelo…).

Clara y Marcos han construido el suyo propio… ¡con sus calcetines! Así es como lo han hecho:

## NECESITARÁS

**24 calcetines de colores** (de los que ya no uses)

**Un cordel** (o una cinta) de al menos 1 metro de longitud

**24 pegatinas**

**24 imperdibles**

**24 «sorpresas»:** chocolatinas, caramelos, cositas pequeñas…

En cada etiqueta escribe un número del 1 al 24 y pon una en cada calcetín. Luego mete en cada calcetín una «sorpresita». Al final, engancha los calcetines al cordel con ayuda del imperdible, en sentido horizontal. Cada día coges un calcetín y disfrutas de la sorpresa.

# La anunciación a María

**U**n día, Dios llamó al ángel Gabriel.

–Tengo una misión que encargarte –le dijo.

Gabriel prestó atención. Estaba acostumbrado a ser enviado a la tierra para hacer encargos divinos, pero esta vez parecía algo particularmente importante. Y lo era:

–Tienes que ir a hablar con María, la joven que he elegido para que sea la madre de Jesús –dijo Dios.

Era una misión delicada: María era joven, tímida y muy reservada.

–¿Y si se asusta al verme? –preguntó el ángel un poco perplejo.

–No se asustará –le tranquilizó Dios–. Yo le daré confianza y fortaleza, para que no tenga miedo.

Y así, Gabriel partió hacia Nazaret, el pueblo donde María vivía con sus padres, Joaquín y Ana. La vio enseguida: estaba en la calle, ayudando a una anciana a llevar un cántaro de agua. Tenía un rostro bellísimo, de rasgos dulces y suaves.

Gabriel solo tenía que encontrar el momento del día más adecuado para presentarse ante ella. No era nada fácil. María estaba siempre atareada, tratando constantemente de echar una mano a alguien: cuando no estaba limpiando la casa junto a su madre, estaba visitando a una vecina que estaba enferma en casa. Con frecuencia se la veía rodeada de una multitud de chiquillos que le pedían que los ayudara en sus tareas o que les contara un cuento.

Gabriel decidió ir a hablar con ella a la mañana siguiente.

María acababa de despertarse y estaba rezando, dándole gracias a Dios por el nuevo día que ponía en sus manos.

El ángel apareció ante ella, tratando de suavizar su resplandor para no deslumbrarla, y la saludó amablemente:

–Ave, María, llena de gracia.

María se sorprendió un poco al verlo, y sobre todo se extrañó del modo en que Gabriel la había saludado. Pero escuchó con mucha atención lo que él le decía.

–¿Cómo podré ser la madre de Jesús? –le preguntó luego ella, pensativa–. Si ni siquiera estoy casada...

–No hay nada imposible para Dios –le recordó Gabriel–. El Espíritu Santo descenderá sobre ti. Tu hijo será Santo y se le llamará Hijo de Dios.

Y añadió:

–Mira, también tu prima Isabel va a tener un hijo, aunque es ya muy mayor y todos pensaban que no podía tener hijos. Porque para Dios nada hay imposible.

Entonces María, con una mirada llena de luz que Gabriel no olvidaría nunca, dijo que se sentía feliz de aceptar lo que Dios había pensado para ella.

Mientras el ángel, después de dejar a María, desplegaba sus alas para volver al Paraíso, el sol se levantaba en el cielo: sus luminosos rayos caían sobre las blancas casas de Nazaret y hacían que todo brillara.

Iba a dar comienzo un nuevo día, y una nueva historia de salvación y de esperanza se abría de par en par para toda la humanidad.

# LA FIESTA DE LA ANUNCIACIÓN

El momento en que una madre se da cuenta de que dentro de ella crece una nueva vida es siempre un momento importante, inolvidable. También nosotros celebramos el momento en el que el ángel Gabriel anunció a María que iba a dar a luz al Hijo de Dios. Esta fiesta, que llamamos fiesta de la Anunciación, se celebra el 25 de marzo, nueve meses antes del nacimiento de Jesús.

Muchos pintores y artistas han representado la Anunciación. El ángel Gabriel dijo: «El Espíritu Santo descenderá sobre ti»; en muchos cuadros el Espíritu Santo que desciende sobre María está representado como una paloma blanca que baja desde el cielo volando hacia ella.

También Clara y Marcos han querido tratar de dibujar este encuentro. ¿Cómo te lo imaginas tú?

# Las dudas de José

María estaba prometida para casarse con José, un hombre bueno que la quería mucho y trabajaba como carpintero allí, en Nazaret.

Cuando ella le contó lo que había sucedido y le repitió las palabras que le había dicho el ángel, él se quedó en silencio, pensativo.

–Me crees, ¿verdad, José? –le preguntó María.

–Sí –fue la respuesta de él.

José tenía una gran confianza en María. Pero el secreto que le había confiado era tan grande, y la historia que le había contado era tan extraña, que, a pesar de que quería creerla, en el fondo no podía.

¿Podría haberle dicho una mentira? ¿Le habría traicionado con otro hombre? Por la noche, mientras se acostaba, estos feos pensamientos llenaban su mente y lo atormentaban.

José no paraba de dar vueltas en la cama, sin conseguir dormir. No sabía qué hacer. ¿Debía romper su compromiso matrimonial? Pero no quería dejar a su María. Entonces, ¿qué debía hacer?

Una noche, después de haber pensado en este asunto durante mucho tiempo, cuando por fin había conseguido conciliar el sueño, se le apareció en sueños el ángel Gabriel:

–José, no tengas miedo y confía en María –le dijo–. El niño que espera es un milagro querido por Dios. Le llamarás Jesús. Quédate junto a ella, ayúdala y cásate con ella. El niño necesitará un padre en la tierra, además de un Padre en el cielo.

Cuando José se despertó, toda su confusión y sus miedos se habían desvanecido, y una gran sensación de paz y de alegría se alojó en su corazón.

«Me casaré con María y criaremos juntos a este niño», se dijo, convencido. Ahora ya no tenía dudas, al contrario, estaba tan contento que se le ocurrió la idea de preparar una sorpresa para María. Fue a su taller de carpintero y se puso manos a la obra. Cortó una madera, la cepilló para que quedara completamente lisa, y luego unió las diferentes partes que había preparado, sin detenerse ni un instante. Mientras trabajaba, silbaba.

Al final, observó el resultado de lo que había hecho: una cunita mecedora, perfecta para un recién nacido.

«Cuando Jesús nazca, podrá dormir aquí», pensó, satisfecho. «Me pregunto si le gustará también a María».

No veía la hora de ir a verla y hablar con ella. Tenían muchas cosas que decirse. Y luego tenían que organizar la boda. Iba a ser una ceremonia sencilla, como les gustaba a ellos, pero seguramente muy festiva y alegre.

Porque había una cosa de la que José estaba firmemente convencido: cuando seguimos la voluntad de Dios, la alegría inunda nuestro corazón y todos los miedos y dudas desaparecen.

# JESÚS, UN NIÑO COMO TÚ

«El niño necesitará un papá en la tierra, además de un Padre en el cielo» le había dicho el ángel que se apareció en sueños a José. Esto quiere decir que Jesús fue un niño como tú: para hacerse mayor necesitaba que alguien cuidara de él. Su historia era una historia ordinaria, pero al mismo tiempo extraordinaria. Por medio de él, Dios bajó a la tierra, vivió entre los hombres, se dio a conocer, se dejó tocar: un niño pequeño fue la señal de su gran amor por la humanidad.

En las esculturas y cuadros se suele representar a José, esposo de María, con un lirio en la mano, símbolo de pureza. Esta flor recuerda el «milagro del bastón», que permitió que José fuera escogido como prometido de María entre muchos pretendientes. Una leyenda cuenta que los bastones de todos se secaron, mientras que del suyo floreció un lirio.

# A Casa De Isabel

**M**aría había decidido ir a visitar a su prima Isabel. «El ángel me dijo que estaba esperando un bebé –pensó–. Cuando nazca el niño, necesitará que alguien la ayude, al menos al principio, para no cansarse demasiado».

Así que emprendió el viaje por los montes de Judea, hacia el pueblo en el que vivía Isabel junto a su marido Zacarías.

Mientras caminaba, pensaba con cariño en su prima: estaban muy unidas, aunque no se vieran mucho. María sabía lo mucho que Isabel deseaba un hijo y cuánto había orado pidiéndolo. Pero ahora era mayor y probablemente había dejado de tener esperanzas y se había resignado. Y, sin embargo, sus oraciones habían sido escuchadas. María sonreía al pensar de nuevo en las palabras del ángel.

«Es cierto –se dijo–, no hay nada imposible para Dios».

Cuando su prima la vio llegar, se sorprendió y se llenó de alegría. Salió a su encuentro y la abrazó para saludarla, y en ese momento sintió a su bebé saltar de alegría en su vientre.

–¡También mi bebé está contento de que estés aquí! –exclamó sonriendo.

Luego María saludó también a Zacarías, que le devolvió el abrazo, pero sin decir ni una sola palabra. Porque le había sucedido algo muy extraño, que nadie conseguía explicarse: un día había entrado a solas en el templo a orar, y cuando salió, se había quedado mudo.

–Habrá tenido una visión –decía la gente, y aunque no lo sabían, estaban muy cerca en sus suposiciones. Porque en ese momento a Zacarías se le había aparecido el ángel Gabriel, que le había anunciado que el hijo que Isabel y él tanto deseaban había llegado por fin. Pero Zacarías puso en duda las palabras del ángel, diciendo que su mujer era ya anciana. Entonces Gabriel le dijo que no podría hablar más hasta que naciera el niño.

María se quedó en casa de Isabel y Zacarías durante tres meses.

Cuando el niño nació, familiares, amigos y vecinos fueron a conocerle, para celebrarlo con ellos.

–¿Cómo vais a llamarle? –preguntaban.

Una costumbre muy habitual era que el primer hijo varón se llamara como su padre, así que todos esperaban que le pusieran el nombre de Zacarías.

Pero Isabel dijo:

–No. Se llamará Juan, que significa «don del Señor».

–Pero en vuestra familia no hay nadie que se llame así –replicaban algunos, y miraban a Zacarías, porque querían saber también su opinión.

Zacarías cogió entonces una tablilla y escribió en ella: «Su nombre es Juan».

Todos quedaron maravillados. En ese preciso momento, Zacarías se dio cuenta de que podía hablar de nuevo. Y comenzó a alabar a Dios en voz alta.

## EL PRIMO DE JESÚS

Isabel se sorprendió y se alegró mucho al ver a María: la recibió con los brazos abiertos. El papa Francisco dice que, especialmente estos días que preceden a la Navidad, todos debemos sentir la misma sorpresa y alegría que sintió Isabel, preparándonos para recibir el «don de los dones» que es Jesús.

Para Isabel y Zacarías, que ya eran ancianos y pensaban que no iban a poder tener hijos, Juan fue un gran don del Señor. De adulto se convertiría en un profeta y dedicaría su vida a predicar y a preparar los corazones para el encuentro con Jesús. Mucha gente acudiría a escuchar sus palabras y a hacerse bautizar por él en las aguas del río Jordán. ¡El propio Jesús sería bautizado por Juan!

# UN EMPERADOR MUY AMBICIOSO

El emperador Augusto era muy ambicioso. Aunque tenía ya un nombre muy largo (su nombre completo era Cayo Julio César Octaviano Augusto), le gustaba que quienes se dirigieran a él utilizaran también el apelativo «príncipe», que significa «primero entre todos los ciudadanos».

De hecho, fue el primero en ser nombrado emperador en Roma. Gracias a él, la ciudad se consideraba la capital del mundo entero, dado que el imperio romano había conseguido, conquista tras conquista, llegar a ser tan extenso que englobaba una gran parte del mundo conocido hasta entonces.

En una de las paredes del salón del emperador había un gran mapa geográfico en el que podían verse todos los países conquistados, pintados de color rojo: cada vez que conquistaba un nuevo territorio, los cartógrafos de palacio debían apresurarse y actualizar los confines del imperio, pintando de rojo la nueva posesión. En ese momento el mapa era una sola y enorme mancha de color rojo.

Augusto se pasaba horas delante de él, contemplándolo una y otra vez, muy satisfecho: era algo que solía hacer por las noches, porque debido a sus muchas enfermedades (de pequeño había sido muy frágil y tenía mala salud) a menudo no podía dormir.

En Roma todos estaban al corriente del insomnio del emperador: se decía que, en una ocasión, cuando oyó decir que un senador conseguía dormirse enseguida en cuanto se acostaba en la cama, quiso comprar a toda costa su cama, y la pagó a precio de oro.

Pero parece ser que no sirvió de nada, y el emperador siguió teniendo problemas para dormir.

Durante las largas horas de la noche, para pasar el tiempo, solía escribir. O preparaba nuevas tareas y estudiaba proyectos para que su imperio fuera todavía más sólido y fuerte.

Precisamente una de esas noches se le ocurrió la siguiente idea: contar uno a uno todos los habitantes de su reino, de norte a sur, de este a oeste.

–¡Organizaré el censo de población más grande de toda la historia! –exclamó, convencido.

Es verdad que era algo que requería mucho tiempo. Así que había que comenzar enseguida. Mandó inmediatamente llamar al contable imperial para comunicarle su idea y establecer un plan.

–Todas las personas tendrán que acudir a su ciudad natal para registrarse: hombres, mujeres y niños –le dijo–. Necesitaremos intérpretes para que los habitantes de todas las regiones entiendan, en sus diferentes lenguas, a los guardias imperiales, para que todo se haga de manera

ordenada y sin problemas. ¡Mañana mismo irán embajadores a todos los rincones del mundo para anunciarlo!

El gran mecanismo del censo de Augusto se había puesto en marcha.

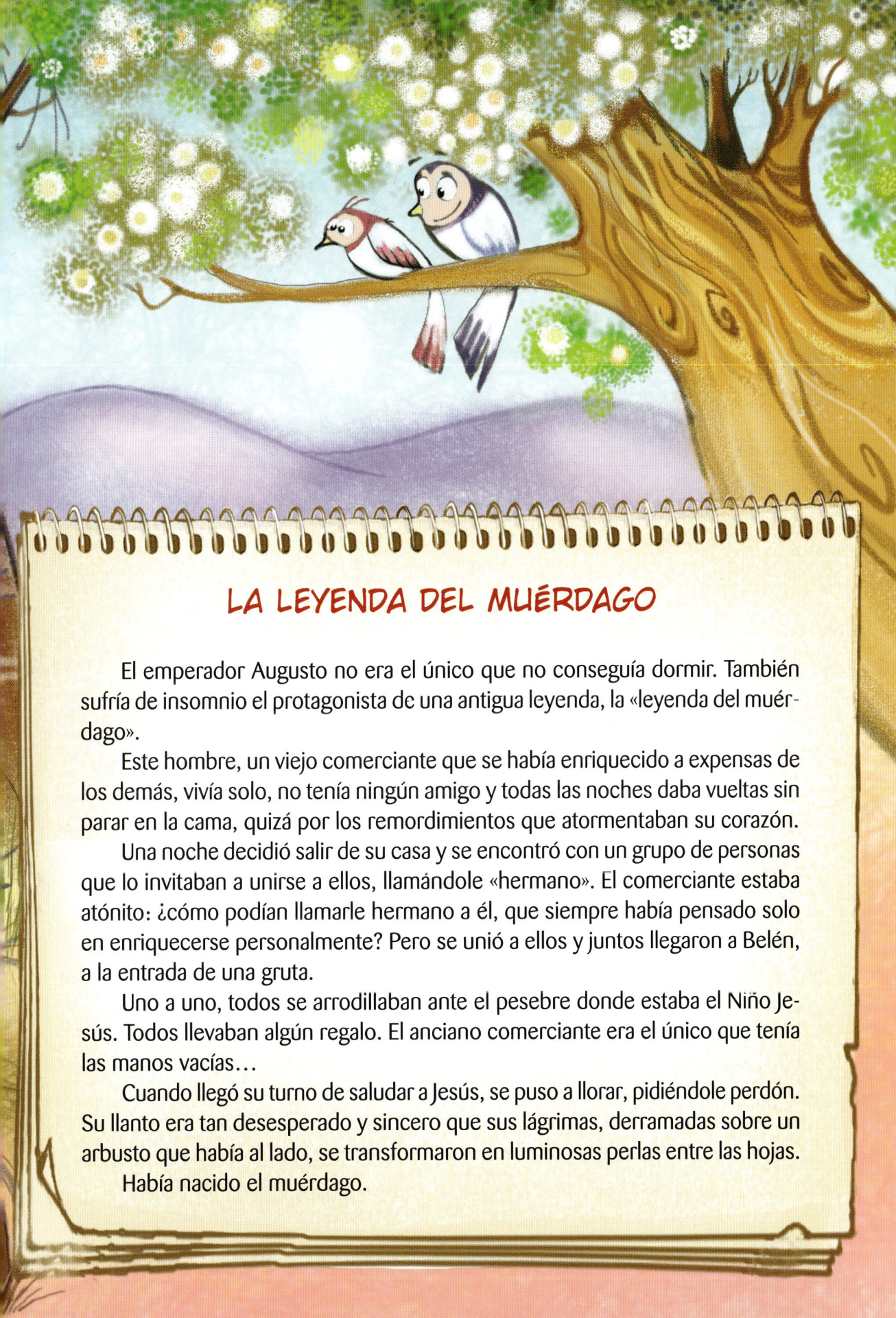

# LA LEYENDA DEL MUÉRDAGO

El emperador Augusto no era el único que no conseguía dormir. También sufría de insomnio el protagonista de una antigua leyenda, la «leyenda del muérdago».

Este hombre, un viejo comerciante que se había enriquecido a expensas de los demás, vivía solo, no tenía ningún amigo y todas las noches daba vueltas sin parar en la cama, quizá por los remordimientos que atormentaban su corazón.

Una noche decidió salir de su casa y se encontró con un grupo de personas que lo invitaban a unirse a ellos, llamándole «hermano». El comerciante estaba atónito: ¿cómo podían llamarle hermano a él, que siempre había pensado solo en enriquecerse personalmente? Pero se unió a ellos y juntos llegaron a Belén, a la entrada de una gruta.

Uno a uno, todos se arrodillaban ante el pesebre donde estaba el Niño Jesús. Todos llevaban algún regalo. El anciano comerciante era el único que tenía las manos vacías…

Cuando llegó su turno de saludar a Jesús, se puso a llorar, pidiéndole perdón. Su llanto era tan desesperado y sincero que sus lágrimas, derramadas sobre un arbusto que había al lado, se transformaron en luminosas perlas entre las hojas.

Había nacido el muérdago.

# Una noticia inesperada

Aquel día José se había levantado, como siempre, muy temprano. Le esperaba mucho trabajo en la carpintería: debía terminar una mesa muy grande que un cliente le había encargado para su taberna, y tenía que empezar también a fabricar una cama para una joven pareja que iba a casarse.

Se puso enseguida a trabajar, con entusiasmo. Pronto fueron formándose en el suelo montoncitos de virutas de madera retorcidas, como rizos del pelo.

Un gato rojo se asomó por la parte trasera de la carpintería.

–Hombre, Serafín, ¿has llegado ya? –exclamó José al verlo.

Serafín no tenía dueño, deambulaba libremente por el pueblo, disfrutando de la hospitalidad de quien le ofrecía algo de comer o un lugar donde dormir una siesta. Iba con frecuencia a ver a José: le gustaba el ambiente tranquilo de la carpintería, el sonido acompasado del cepillo contra la madera, pero, sobre todo, le gustaba jugar con las virutas, que le parecían pequeñas colas de ratón.

A José también le gustaba su compañía. A veces le enseñaba los trabajos que hacía:

–¿Qué te parece esto, Serafín? ¿Está quedando bien? –le preguntaba.

–Miau –le respondía el gato en señal de aprobación.

Al final de la mañana, cuando el sol estaba muy alto en el cielo, un estridente sonido de trompeta hizo que ambos se sobresaltaran. José salió de la carpintería para ver qué estaba pasando: un mensajero había llegado a caballo y llamaba la atención antes de leer el anuncio que tenía que comunicar:

–¡Escuchad, escuchad, habitantes de Nazaret! –gritaba en voz muy alta.

Un pequeño grupo de personas se reunió en la plaza para escuchar.

El mensajero desenrolló el pergamino sobre el que estaba escrito el edicto:

–Por deseo del emperador Augusto, se hará un gran censo de la población –leyó en voz muy alta–. Todos vosotros debéis ir al lugar donde nacisteis para registraros. Quien no obedezca será duramente castigado.

La gente estaba asombrada y perpleja.

–Pero el lugar donde nací está muy lejos, y ahora soy muy anciano para ir hasta allí –murmuraba alguno, consternado.

También José estaba meditabundo: tendría que volver a Belén y afrontar un duro camino, sobre todo para María, que estaba a punto de tener al bebé.

«Dejaré que decida ella si quiere acompañarme», pensó, finalmente.

Cuando le habló de ello, María respondió convencida que sí le acompañaría:

–Ya verás como todo sale bien –le tranquilizó.

Al día siguiente comenzaron los preparativos para el viaje: un asno llevaría en su lomo a María, para que el viaje le resultara menos cansado.

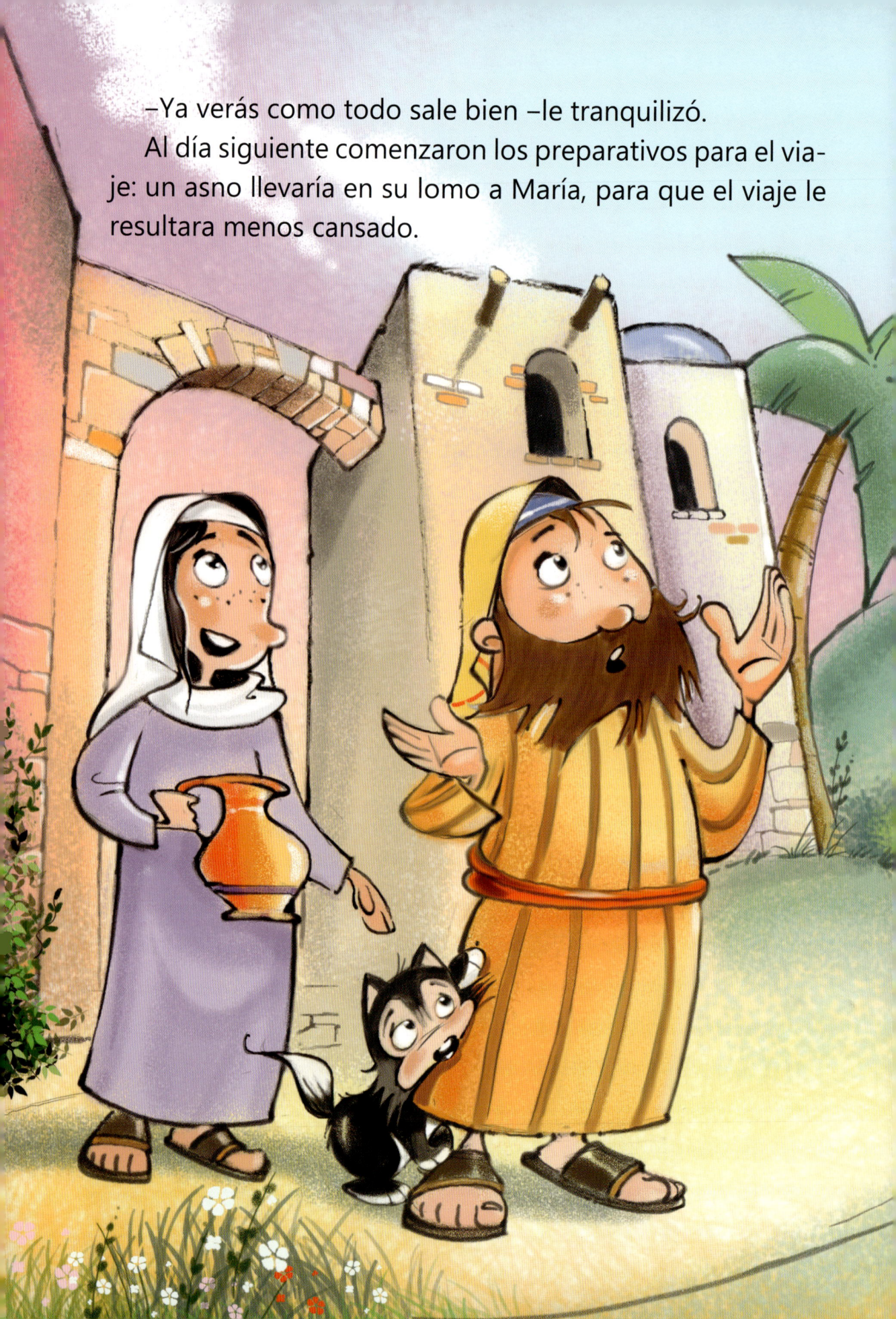

## ¿CÓMO SE VIAJABA EN TIEMPOS DE JESÚS?

En aquel tiempo viajar era muy difícil. Los caminos eran pedregosos y a menudo estaban llenos de baches. Se viajaba a pie, o, quien tenía suerte, a lomos de un asno, sobre el que se podía cargar también el equipaje. Para evitar ser asaltados por ladrones, se prefería viajar en pequeños grupos.

José, debido al censo de Augusto, tenía que viajar desde Nazaret hasta Belén. La obligación de acudir al pueblo de origen para registrarse era en realidad para los hombres. Pero María decidió viajar con él: ¡estando juntos, los problemas y las dificultades del camino se afrontan mejor!

# EL POSADERO CODICIOSO

**C**uando José y María llegaron a Belén, encontraron una gran confusión: los caminos estaban repletos de gente, de carros, de caballos.

–¿Qué sucede? –preguntó José a un transeúnte– ¿Cómo es que hay tanta gente?

–Han venido muchos para el censo –le respondió–. Pero además estos días hay una feria muy importante aquí al lado que dura una semana entera. Comerciantes y compradores llegan de todas partes, incluso de países muy lejanos, para participar en ella.

–Y hay otra cosa más –añadió un hombre que pasaba en ese momento–. Parece que esta noche, precisamente en Belén, podrá divisarse un cometa muy luminoso. ¡Es un acontecimiento extraordinario! Muchos han venido solo para verlo.

José miró a María un poco preocupado: ¿encontrarían sitio donde dormir?

Entre tanto, empezó a mirar a su alrededor, buscando una posada. «Caballo gris», «Hostal del Páramo», se leía en los carteles. Pero en todas ellas había un cartel en la puerta indicando «Completo», señal de que estaban llenas de clientes y no podían albergar a nadie más.

«Quizá, si nos alejamos un poco del centro y vamos hacia el campo habrá menos gente», pensó José. Y eso hicieron.

Llegaron a una posada justo a las afueras del pueblo. El posadero estaba en la puerta, parecía estar mirando si llegaban clientes.

–A lo mejor tenemos más suerte –dijo José.

Y, efectivamente, el posadero estaba en vilo, porque en su posada todavía había sitio.

«Pero ¿cómo es posible –pensaba enfadado– que con todos los comerciantes que han llegado estos días a Belén no tenga yo aún suficientes clientes...? ¿A qué esperan para venir hasta mí?».

Como era un hombre muy codicioso, había pensado aumentar el precio de sus habitaciones, para así ganar el doble.

Cuando vio llegar a María y a José comprendió enseguida que no se trataba de los clientes más indicados para él.

«Estos dos no son ricos, está claro –pensó–; seguro que no tienen dinero suficiente para pagarme lo que yo quiero: ¡pues que se vayan a otro lado!».

Y así, sin dejar siquiera a José tiempo para preguntarle, les gritó a lo lejos:

–¡Mi posada está al completo!

José se acercó, de todos modos.

–Te lo ruego, buen hombre. Nos basta con un lugar pequeño –le dijo–. Hemos hecho un largo viaje para llegar hasta aquí, y mi mujer está a punto de dar a luz, está demasiado cansada para ir a buscar en otro sitio.

–¿No has oído lo que te he dicho? –replicó él, bruscamente–. ¡No hay lugar para vosotros!

Pero en ese momento su mirada se cruzó con la de María y sintió una extraña sensación, como si algo se estuviera derritiendo en su interior.

«¿Qué me ocurre?», pensó, molesto.

Cuando José y María estaban a punto de emprender de nuevo el camino, el posadero no pudo evitar llamarlos:

–Si queréis, podéis quedaros en mi establo, junto a los animales. Más no puedo hacer –les dijo.

José y María decidieron aceptar: al menos el establo les ofrecería un techo y paredes para resguardarse del frío de la noche. Se quedarían allí, porque además parecía que el momento de dar a luz estaba ya muy muy cerca.

# UNA POESÍA SOBRE LA NOCHE SANTA

Sobre el largo camino de José y María en busca de un lugar donde pasar la noche, el poeta turinés Guido Gozzano (1883-1916) escribió una poesía muy bonita titulada La Noche Santa. Es esta:

Consuélate, María, de tu peregrinar.
Estamos juntos. Belén está adornada de trofeos.
Junto a aquella posada podremos descansar,
que cansado estoy, y muy cansada te veo.

El campanario toca
lentamente las seis.

¿Tenéis lugar para nosotros, los del Caballo Gris?
¿Un lugar pequeño para José y para mí?
Señores, lo lamentamos: es noche de milagros;
hay muchos forasteros, estamos abarrotados.

El campanario toca
lentamente las siete.

Posadero del Páramo, ¿tenéis refugio para nosotros?
Mi mujer no se sostiene, y yo estoy roto.
Todo el albergue está lleno, los altillos y los balcones.
Probad en el Ciervo Blanco, más abajo, señores.

El campanario toca
lentamente las ocho.

Vosotros, los del Ciervo Blanco, ¿debajo de la escalera al menos
tenéis para dormir? ¡No nos mandéis a otro lugar!
Esperamos el cometa. Todo el albergue está lleno
de astrónomos y de sabios que la han venido a observar.

El campanario toca
lentamente las nueve.

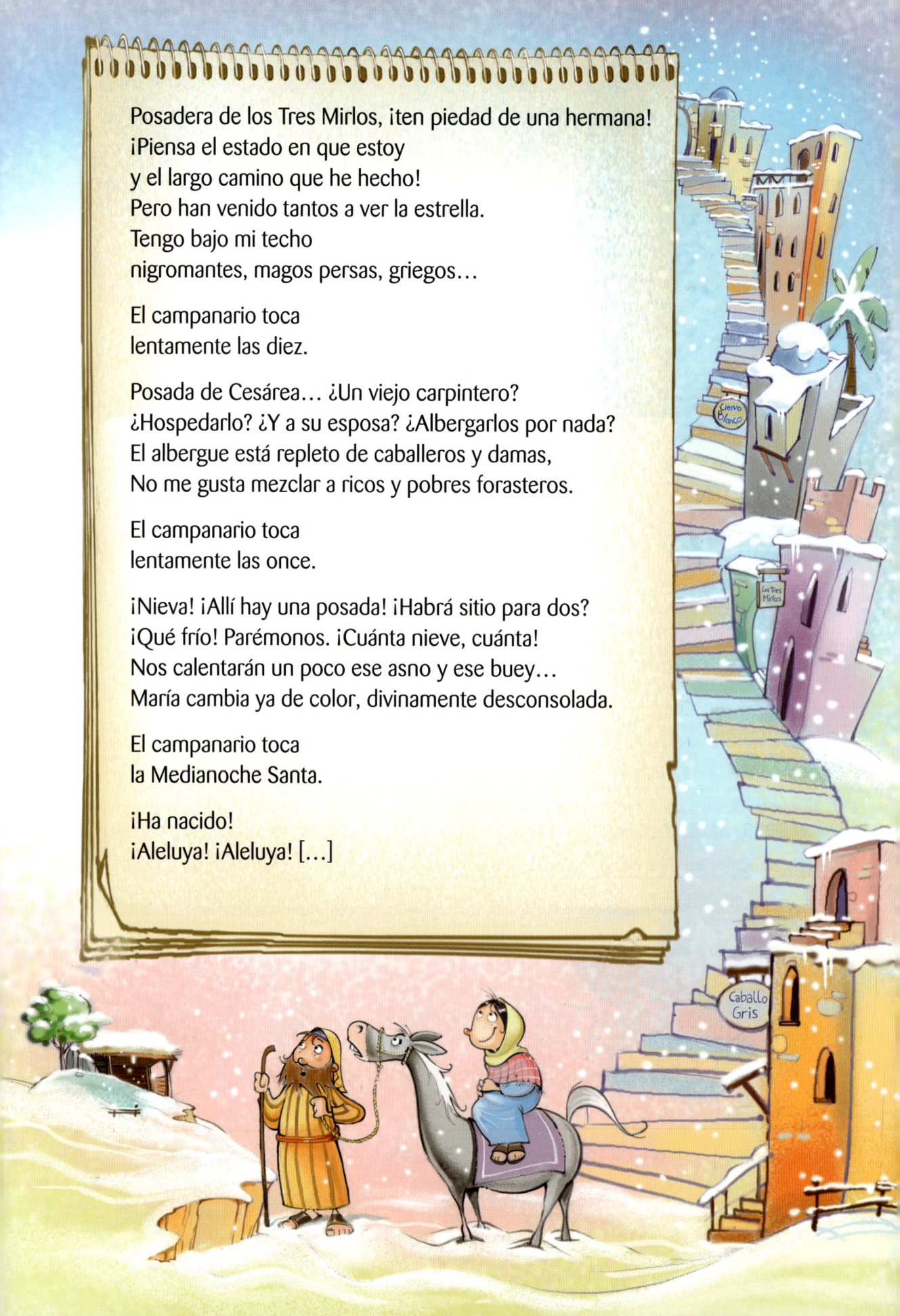

Posadera de los Tres Mirlos, ¡ten piedad de una hermana!
¡Piensa el estado en que estoy
y el largo camino que he hecho!
Pero han venido tantos a ver la estrella.
Tengo bajo mi techo
nigromantes, magos persas, griegos…

El campanario toca
lentamente las diez.

Posada de Cesárea… ¿Un viejo carpintero?
¿Hospedarlo? ¿Y a su esposa? ¿Albergarlos por nada?
El albergue está repleto de caballeros y damas,
No me gusta mezclar a ricos y pobres forasteros.

El campanario toca
lentamente las once.

¡Nieva! ¡Allí hay una posada! ¡Habrá sitio para dos?
¡Qué frío! Parémonos. ¡Cuánta nieve, cuánta!
Nos calentarán un poco ese asno y ese buey…
María cambia ya de color, divinamente desconsolada.

El campanario toca
la Medianoche Santa.

¡Ha nacido!
¡Aleluya! ¡Aleluya! […]

# 7

## UNA NOCHE ESPECIAL

**¡H**ola! Soy el asno del belén. Sí, ese que ves siempre junto al pesebre del Niño Jesús, al lado del buey.

Me acuerdo muy bien de aquella noche en Belén. Los rostros cansados de María y de José, las palabras que les dirigió mi dueño:

–No hay lugar para vosotros en mi posada. Si queréis, podéis quedaros en el establo, junto a los animales.

En los ojos de María me pareció ver una sombra de confusión, pero José hizo enseguida todo lo posible para animarla:

–Está bien, María, mira: este pesebre lleno de paja blanda será una cuna perfecta para nuestro hijo –le dijo al oído, poniendo su brazo sobre sus hombros.

Qué valiente, ese José. Con sus maneras sencillas sabía siempre volver a poner las cosas en su sitio, veía lo bueno en todo, incluso en las dificultades.

También cuando nos vio a mi compañero el buey y a mí dijo unas amables palabras: «Es una suerte que estos animales estén aquí», dijo, «nos ayudarán a generar un poco de calor contra el frío de la noche...».

También María nos miró sonriendo, con una mirada dulce como una caricia:

–Todo irá bien, si esta es la voluntad de Dios –fue su respuesta.

¡Qué noche aquella! Cuando el Niño nació, entendí enseguida que no se trataba de un niño como los demás. Nuestro establo se llenó de luz y una sensación de paz y alegría se extendió a su alrededor.

Me miró directamente a los ojos, el pequeño Jesús. Y en ese momento, por primera vez en mi vida, me sentí importante y amado. Puse todo mi empeño en tratar de calentar su cuerpecito indefenso: le habría dado todo mi aliento, hasta la última exhalación.

Antes de ese momento las cosas no habían sido fáciles para mí. Solo trabajo y cansancio, cansancio y trabajo. Y aunque tratase de dar lo mejor de mí mismo, desde transportar cargas de la mañana a la noche sin lamentarme, mi dueño no estaba contento:

–¡Muévete, vamos, asno, que eres un asno! –me regañaba–. ¡Trabaja duro si no quieres quedarte sin comer!

Me había resignado a recibir solo golpes y palabras groseras. Un día que iba tan cargado que apenas podía mantenerme en pie, tropecé con un arbusto de espinas y caí al suelo. ¡Cuántos golpes recibí aquella vez! Quedé lastimado durante días.

Entre tanto, llegaban cada vez más personas a adorar a Jesús niño. Muchos eran pastores, que habían acampado por la noche en las montañas cercanas, junto a sus rebaños. Llegaban en tropel, pero Jesús tenía una mirada especial para cada uno de ellos, como si les estuviese diciendo: «Precisamente te estaba esperando a ti, gracias por venir».

En el cielo brillaba una estrella como jamás había visto antes, y un coro de ángeles cantaba una bella melodía.

Una noche inolvidable, de verdad. ¿Y luego?

Volví a mi vida de siempre. Pero dentro me quedó la alegría de haber conocido a Jesús.

# UN ASNO LLAMADO PEQUEÑO

El asno es un personaje manso y simpático, que suele escogerse como protagonista de fábulas y cuentos. Precisamente de un asno habla un cuento para niños que escribió Charles Tazewell, del que luego Walt Disney hizo una película de dibujos animados.

Había un niño de una familia pobre que vivía en Nazaret. Su padre le pidió que fuera a vender su asno, que se llamaba Pequeño, y que era ya anciano y tenía pocas fuerzas. El niño fue al mercado, esperando encontrar para su amigo un nuevo dueño que le cuidara tanto como lo había cuidado él. Pero la única persona dispuesta a comprar a Pequeño era un curtidor de pieles, que quería comprar el asno solo para obtener su piel. El niño buscó en vano durante todo el día a alguna persona que quisiera comprar su asno: solo se topaba con personas que se burlaban de él y de su asno. Por la tarde, ambos volvieron al taller del curtidor: el destino de Pequeño parecía estar sellado. Pero entonces un hombre se acercó al niño y le dijo que quería comprarle el asno: le serviría para transportar a su mujer, embarazada, hasta Belén. Le prometió que lo trataría bien, y el niño sintió que podía fiarse de él. Mientras se despedía por última vez de Pequeño, brilló en el cielo una luminosísima estrella…

Marcos y Clara han adivinado ya quién fue aquel misterioso comprador. ¿Lo has adivinado tú también?

# EL ARREPENTIMIENTO DEL POSADERO

Entre tanto, el posadero que no había querido alojar a María y a José en su posada había encontrado unos clientes que sí le convenían. O, mejor dicho, que parecían convenirle.

–¿Sois comerciantes? –les había preguntado al ver los sacos de mercancías que llevaban consigo.

–Sí, sí, somos comerciantes... –le habían contestado ellos, diciendo además–: ¡Y podemos pagarte con monedas de oro!

Al decirlo, uno de ellos había abierto su bolsa: estaba llena de monedas, sí. En ese momento el posadero no tuvo ya más dudas:

–Podéis quedaros en mi posada todo el tiempo que queráis –exclamó, frotándose las manos de alegría.

–Nos basta con una noche –fue la respuesta que le dieron.

Lo que el posadero no podía saber es que aquellos personajes no eran comerciantes, sino ladrones, y que la mercancía que llevaban en sus bolsas era todo lo que habían robado hasta entonces, yendo de una posada a otra.

Durante la noche, mientras el posadero dormía profundamente y soñaba que se hacía rico, los ladrones cogieron todo lo que pudieron y se marcharon por la noche. ¡Qué amargo despertar el del posadero!

–¡Pobre de mí! –empezó a gimotear–. Quería hacerme rico y me he arruinado.

Estaba ahí sentado, desconsolado, en el suelo de su posada, cuando un melodioso canto llamó su atención. Aguzó el oído: ¡provenía de su establo!

Intrigado, fue a ver y se quedó mirando, encantado.

José y María sonreían, junto a su hijo, recién nacido. Un profundo sentimiento de paz y de alegría invadía a todos los presentes. Era como si el tiempo se hubiera detenido en la solemnidad de aquel momento.

También el posadero comprendió que algo verdaderamente grande e importante había sucedido, y se arrepintió de su comportamiento: «Y yo que los eché de mi posada...», se lamentó.

Se puso en fila, como los pastores, y cayó de rodillas ante la santa familia, pidiéndoles perdón.

Desde ese día, su vida cambió. Ya no pensó en hacerse rico engañando a sus clientes, y en su posada recibía también a pobres y peregrinos.

# CUENTO DE NAVIDAD DE CHARLES DICKENS

El famoso escritor inglés Charles Dickens escribió un hermoso cuento de Navidad que habla de un arrepentimiento. Narra la historia de un hombre de negocios, el señor Scrooge, avaro y egoísta, incapaz de apreciar las pequeñas cosas de la vida, el amor, la amabilidad hacia los demás. Para él, ¡incluso la Navidad era una pérdida de tiempo!

Cuando volvió a casa la tarde de Nochebuena, recibió la visita de tres «fantasmas»: el espíritu de la Navidad pasada, que le mostró episodios de su vida; el espíritu de la Navidad presente, que le enseñó cálidas celebraciones en otras casas; el espíritu de la Navidad futura, que le permitió presenciar su propio funeral. Todo esto le hizo ver cuánto sufrimiento y tristeza había causado siempre a su alrededor su comportamiento. Entonces, el señor Scrooge se arrepintió y decidió remediarlo: ¡afortunadamente, no era demasiado tarde!

# La pequeña polilla

Nocturna era una polilla, una criatura de la noche. Le habría gustado tener colores brillantes, un cuerpo esbelto, alas ágiles y vibrantes como las de las mariposas diurnas.

Pero ella era de color marrón oscuro, su cuerpo era regordete, sus alas densas y robustas. No era agradable a la vista, y por eso todos aquellos a los que se acercaba solían expulsarla siempre de malos modos.

Quizá porque su color era apagado, quizá porque su aspecto era tan humilde, a Nocturna la atraía irresistiblemente todo lo que brillaba.

Ya fuese una lámpara o la hoguera encendida de un pastor, comenzaba a bailar a su alrededor, muy contenta. Pero era un juego peligroso: siempre corría el riesgo de quemarse las alas.

Aquella noche, volando en la oscuridad, vio que de un establo salía un resplandor como no había visto nunca.

«¿Qué está ocurriendo?», se preguntó, intrigada. «¿De dónde procede esa luz?».

Había muchas personas reunidas a su alrededor. Nocturna se acercó muy despacio, esperando que nadie la viera.

¡Cuál fue su sorpresa cuando descubrió que aquel resplandor provenía de un niño: un niño pequeño que dormía en un pesebre! Incluso la paja, colocada bajo el niño a modo de colchón, en contacto con su cuerpecito brillaba y parecía estar hecha de muchos hilos de oro.

A Nocturna le habría gustado mucho acercarse, pero tenía miedo. «Seguro que su madre me ahuyenta», pensaba. «O si el niño me ve, quizá se asuste de mí».

La luz que emanaba de ese niño la atraía más que cualquier lámpara, más que cualquier fuego.

Al final decidió arriesgarse. Volando de aquí para allá, se fue acercando cada vez más al pesebre y finalmente se posó.

«Me quedaré aquí, muy quieta –pensaba–. A lo mejor consigo mimetizarme con la madera y nadie me ve».

Pensaba que lo había conseguido cuando un pastor que estaba cerca la vio y levantó la mano con firmeza, tratando de ahuyentarla. Pero entonces María, con un gesto dulce pero decidido, le sujetó el brazo sin decirle nada. Su dulce mirada parecía decir: «También esta pequeña criatura tiene derecho a estar cerca de Jesús».

Nadie se atrevió a ahuyentarla.

Y así, durante toda la noche, la pequeña polilla pudo quedarse a disfrutar de esa Luz especial que brillaba y calentaba, sin quemar.

## CÓMO NACIÓ LA LUCIÉRNAGA
## LA NOCHE DE NAVIDAD

Cuenta la leyenda que entre los animales que fueron a adorar a Jesús a Belén había también insectos, y cada uno de ellos le llevaba un regalo al niño: la abeja llevó su miel, la hormiga un grano de arroz, el gusano un hilo de seda.

Pero había un pequeño insecto que no se atrevía a acercarse al Niño, porque no tenía nada que ofrecerle.

Cuando Jesús tendió su manita hacia él, una gruesa lágrima cayó de los ojos del pequeño bichito: iluminada por un rayo de la luna, parecía una bonita gota de luz.

Desde ese momento, el pequeño insecto llevó siempre consigo aquella chispa luminosa, y se le llamó «luciérnaga».

# EL PASTOR EGOÍSTA

**S**et era el más anciano de los pastores, y era un hombre muy prepotente y egoísta. El primero en beber al llegar a la fuente, tenía que ser él. El tazón más lleno de sopa tenía que ser el suyo. El lugar más cercano al fuego, por la noche, era el suyo. Tenía un corazón duro como las piedras de la montaña: nunca pensaba en los demás, solo en sí mismo.

Aquella noche también Set escuchó, como todos los pastores que había en el monte, el canto de los ángeles anunciando el nacimiento de Jesús.

«¡Quiero ser yo el primero en llegar!», pensó de inmediato

Y se puso en camino, con prisa, para ir por delante de los demás. Pero no había recorrido aún ni medio camino cuando tuvo que detenerse: quizá porque estaba cansado, o quizá porque había caminado con mucha prisa, lo cierto era que su corazón parecía estallarle en el pecho, y las piernas no le respondían ya. Se sentó sobre una piedra para recuperar el aliento.

Entre tanto, iban llegando los demás pastores, a quienes él había adelantado.

–¿Qué te ocurre, Set? –le preguntaron.

–Nada –respondió él, cortante–. Me he detenido a descansar un poco.

Ellos prosiguieron su camino. En el fondo, Set no pensaba nunca en los demás, ¿por qué iban ellos a esperarle?

Así que Set se quedó solo. Trató de ponerse en pie, pero fue inútil. Sus piernas no querían moverse.

Una lágrima resbaló por su rostro surcado de arrugas.

«Me está bien merecido», pensó, triste. «Siempre he sido un egoísta y ahora todos me abandonan. No puedo decir que no me lo merezca...».

Pero sus compañeros, los que había proseguido su camino, se lo pensaron mejor y volvieron a buscarle:

–Nosotros te ayudaremos –le dijeron.

Por turnos, uno tras otro, cargaron con Set a sus espaldas y así le llevaron todo el camino, hasta que, todos juntos, llegaron a donde estaba Jesús.

El anciano pastor estaba confuso y avergonzado: los demás pastores le habían dado un buen ejemplo de cariño y solidaridad.

Ante el Niño recién nacido, brotaron del corazón de Set una promesa y una oración:

–Jesús, de ahora en adelante voy a dedicarme a ser más generoso y altruista con los demás –le dijo–. Ayúdame tú para que sea así de verdad.

Y a partir de ese día verdaderamente cambió.

## PASTORCITOS DE NAVIDAD

Los pastores fueron las primeras personas a las que los ángeles anunciaron el nacimiento de Jesús, y fueron los primeros en ir a adorarlo. Quizá por eso, hasta en los belenes más pequeños, no falta nunca la figura de un pastor.

Clara y Marcos han construido, con su madre, un mini belén con masa de sal: María, José, Jesús, un pastorcito y una oveja. Lo han hecho así:

### NECESITARÁS

**2 tazas de harina**
**1 taza de sal fina**
**1 taza de agua**
**Rotuladores**

Pon la sal en un recipiente y humedécela para que se disuelva un poco. Añade un poco de agua y harina. Amasa hasta obtener una pasta compacta, para que no se desmenuce durante la cocción. Conserva la pasta en una bolsa de plástico. Modela con ella las figuritas y hornéalas a temperatura media (150 grados) aproximadamente una hora. Deja que se enfríen en el horno. Cuando todas las piezas estén frías, podrás colorearlas con rotuladores.

# La estRella iNsatisFeCHa

Una estrella que se llamaba Lucita se asomaba todas las noches desde el cielo para mirar a la tierra.

Todas las noches le preguntaba a su madre o a sus hermanas:

–¿Qué vamos a hacer esta noche?

Y ellas, invariablemente, le contestaban:

–Brillar.

–¿Y qué más? –seguía preguntando Lucita.

–Pues ¿qué vamos a hacer si no? –respondían las demás, un poco irritadas–. Brillar, y ya está.

Lucita no estaba satisfecha:

–¿Nada más?

Un anhelo crecía en su interior: ¡le gustaría tanto ir a la tierra para ver cómo se vivía allí, qué hacían sus habitantes! Allí, en el cielo, se sentía triste y un poco inútil.

–Las estrellas no somos inútiles –le dijo una noche su abuela, a quien Lucita había confesado cómo se sentía.

–¿Para qué servimos, por ejemplo?

–Desde la antigüedad, las personas que hacen largos viajes nos observan siempre para orientarse y saber dónde van.

–¿En serio? –preguntó, asombrada, Lucita.

—Sí, así es —confirmó su abuela—. Por la noche, como bien sabes, está todo oscuro. Y nuestra luz es una guía segura. Muchas personas vuelven a casa sanas y salvas solo gracias a nosotras.

—¿Y qué más?

—Y después el cielo estrellado es una de las cosas más hermosas que se pueden admirar —siguió diciendo, con paciencia, la abuela—. Todas las personas nos miran encantadas y algunas escriben incluso bellísimos poemas inspirándose en nosotras.

El deseo de Lucita de bajar a la tierra para conocer de cerca a los seres humanos era cada vez más fuerte. Y una noche lo hizo.

—¡Mamá, mira, una estrella fugaz! —exclamó un niño.

Otras personas lo vieron también, y todos quisieron pedirle un deseo o confiarle una esperanza, como suele hacerse con las estrellas fugaces.

—Lucita, mi papá está muy enfermo, me gustaría que se pusiera bueno.

Lucita, mi prometida y yo vamos a casarnos, haz que seamos felices.

—Lucita, ayúdame a encontrar trabajo, para mí y para mi familia.

Lucita los escuchaba a todos, sin descuidar a ninguno.

—Llevaré vuestras peticiones a Dios —les prometió.

Y así lo hizo. Cuando se levantó para regresar al cielo, ya no era una simple estrella, sino un espléndido cometa: los deseos de todas las personas formaban una larga cabellera detrás de ella (por eso se la llama cometa: del griego kome, cabellera).

Dios la recibió sonriendo:

–Ve a Belén –le dijo–. Tú serás quien, con tu estela de esperanza, guíe por el camino a todos los que busquen a Jesús, la nueva esperanza de salvación para toda la humanidad.

# ESTRELLAS DE CHOCOLATE Y CANELA

Hoy Marcos y Clara, junto a su abuela, que cocina de maravilla, han preparado unas galletas navideñas con forma de estrella. Prueba a hacerlas también tú.

## NECESITARÁS

**150 gramos de mantequilla (fría del frigorífico)**

**250 gramos de harina de trigo**

**100 gramos de chocolate para fundir**

**1 cucharada de canela en polvo**

**150 gramos de azúcar**

**40 gramos de miel**

**1 huevo**

**La cascara de un limón**

- Ralla el chocolate y, con ayuda de la batidora, mézclalo con la harina y la mantequilla cortada a trocitos.

- Coloca la mezcla en un cuenco. Añade el azúcar, la miel, la yema del huevo, la canela y la ralladura de limón.

- Amasa rápidamente con la mano todos los ingredientes, evitando calentar demasiado la masa. Forma una bola, presiónala hacia abajo hasta conseguir una forma ovalada, y déjala reposar en el frigorífico durante 30 minutos.

- Cuando haya pasado ese tiempo, extiende la masa con un rodillo sobre la superficie de trabajo ligeramente enharinada hasta conseguir un espesor de un centímetro aproximadamente. Con un cortador de galletas en forma de estrella, recorta formas pequeñas (saldrán unas 26).

- Coloca un papel vegetal en una bandeja y métela de nuevo en el frigorífico durante 15 minutos. Pásalas luego a la bandeja de horno, también forrada con papel vegetal, y píntalas con la clara de huevo batida. Hornéalas a 150 grados unos 12-15 minutos (o a 130 grados durante 8-10 minutos si el horno tiene ventilador).

# Los tRes ReYes MaGos

**C**lara y Marcos estaban ayudando a su madre a poner el belén. De pronto, mientras revolvía en la caja de las figuritas, Marcos encontró dos extraños personajes:

–¡Mira, mamá! –exclamó asombrado–. Estos pastores son diferentes a los demás.

–No son pastores, Marcos, son los Reyes Magos –le explicó su madre–. Y son tres. Uno debe estar todavía en la caja: ahora lo buscamos. Se llamaban Gaspar, Melchor y Baltasar, e hicieron un viaje muy largo para ir a conocer a Jesús.

–¿Nos cuentas su historia? –pide Clara, intrigada.

–Pensaba leérosla esta noche...

–Venga, mamá, hagamos una excepción, cuéntanosla ahora –exclamaron al unísono los dos niños.

–De acuerdo –sonrió su madre. Y comenzó a narrar:

–Los Reyes Magos eran personajes muy importantes en el lugar donde vivían, en Oriente. Estudiaban las estrellas y por eso en su país se les llamaba magos. Precisamente estudiando las estrellas descubrieron que había llegado el momento del nacimiento de un rey, y se pusieron en camino, a lomos de sus camellos, para ir a rendirle homenaje. Se dice que los guió una luminosísima estrella, un cometa que, una noche tras otra, les indicaba el camino.

–¿Y luego? –preguntó Marcos.

–Luego, un día, se detuvieron en Jerusalén, cerca del palacio del rey Herodes. Los Magos le preguntaron si él sabía dónde estaba exactamente el niño que había nacido y que llamaban «rey de los Judíos».

El rey Herodes no lo sabía, y se asustó mucho al oír las palabras de los Magos. ¿Qué historia era aquella? ¿Había nacido de verdad un nuevo rey que podía ocupar su lugar?

Entonces consultó a sus expertos, y ellos leyeron en el libro de los antiguos profetas que Belén era la ciudad de nacimiento del nuevo rey. Entonces Herodes, fingiendo como si nada, recomendó a los Reyes Magos que, cuando encontraran a Jesús, volvieran para decírselo. «Así yo también podré ir a adorarlo», mintió.

Los Reyes Magos reemprendieron su camino y, gracias a la ayuda del cometa, llegaron junto a Jesús y pudieron ofrecerle sus regalos: oro, incienso y un ungüento perfumado llamado mirra.

–¿Y al volver pasaron de nuevo por el palacio de Herodes para revelarle dónde había nacido Jesús? –preguntó Clara, alarmada.

–Por suerte no –respondió su madre–. Un ángel les habló en sueños y les advirtió que volvieran por otro camino cuando regresaran a su país.

Entre tanto, Marcos había encontrado el tercer Rey Mago dentro de la caja.

–Pongámoslos aquí, al final del belén –sugirió su madre–. Así, día tras día, los moveremos un poco más cerca de Jesús. Y llegarán el día 6 de enero, que se llama día de la Epifanía.

–¡Qué bonita es la historia de los Reyes Magos! –dijo Marcos a su madre–. Aunque creo que a Jesús le gustó más ver los camellos de cerca que los regalos que le llevaron.

–Puede que sí –exclamó su madre, riendo.

## ¿QUÉ SIGNIFICADO TIENEN LOS REGALOS DE LOS REYES MAGOS?

La tradición cristiana interpreta los regalos de los Magos como símbolos que anuncian la misión de Jesús. El oro, el metal más precioso, indica que Jesús es rey de reyes. El incienso, que se quemaba en los templos durante las celebraciones, indica que Jesús es Hijo de Dios. La mirra, un bálsamo perfumado que se utilizaba para curar las heridas y para las sepulturas, indica los sufrimientos que debía afrontar Jesús.

El día que los católicos celebran la adoración de los Magos, el 6 de enero, se llama Epifanía, que en griego significa «manifestación», porque Jesús se manifestó ante todos los pueblos, simbolizados por los Magos.

En Italia, la fiesta de la Epifanía se llama también la fiesta de la Bruja, la famosa anciana que la noche del 5 al 6 de enero va volando montada en su escoba dejando en los zapatos de los niños regalos y dulces.

# El deseo de la oveja

En el belén había, desde hace años, una vieja oveja, de esas que eran todavía de escayola, con los ojos y el hocico pintados a mano. Sus otras compañeras se habían roto o se habían perdido a lo largo de las numerosas Navidades, y habían ido siendo sustituidas por otras ovejas más modernas, de plástico.

Pero ella no, ella resistía. Encontraba su sitio en el belén, adaptándose a los cambios que de vez en cuando veía en el paisaje que la rodeaba. Al principio, por ejemplo, las montañas eran de papel maché, las casitas estaban hechas a mano, una a una, con cartón, y el musgo, de verdad, adornaba los bosques. La preparación del belén duraba varios días y solo al final sacaban a la oveja de la caja, junto con las demás figuritas, para completar la escena.

Pero desde hace muchos años ya no es así: las montañas son simples hojas de cartulina marrón hechas una bola, y las casitas y el musgo se compran en el supermercado.

A la oveja no le importa, mira recto hacia adelante. Sabe que en el establo de ahí abajo está siempre Jesús recién nacido, y esto la hace estar contenta.

La oveja tiene solo un deseo, que, lamentablemente, en todos estos años, no se ha cumplido nunca: que la coloquen un poco más cerca del Niño, que le reserven un puestecito en primera fila... ¡Sería emocionante!

Pero no solo nunca ha sucedido, sino que a veces la oveja escucha decir que es muy fea, como aquel día que la pequeña Francisca la cogió con sus manos sucias y corrió a tirarla a la basura.

–¡Qué fea es esta oveja! ¡No la quiero!

Afortunadamente, su madre fue enseguida a regañarla:

–No, Francisca, ¿sabes qué?, esta oveja es antigua porque formaba parte del belén que construyó mi abuelo Pedro. Era un belén precioso, me quedaba embobada mirándolo cuando era niña.

Y luego volvió a colocarla en su sitio, suspirando.

–Figuritas como esta ya no se encuentran.

Esta Navidad, en casa, hay una novedad: un gato blanco y negro que se llama Rizos. Desde hace unos días se acerca al belén con cautela, parece que está tramando algo. Y entonces, una tarde, plaf, da un salto y se planta en el belén, entre pastores y ovejas, que lo miran asombrados: olfatea intrigado el sendero de grava que conduce a la gruta, aplasta con la pata el arroyo de papel de plata...

–¡Fuera, Rizos, fuera! –grita papá.

Rizos da un salto y baja de nuevo a tierra, pero en su huida tira al suelo algunas figuritas. También la oveja cae y, además, se rompe una patita. Ya no podrá mantenerse en pie.

«Todo ha acabado para mí», piensa con tristeza, manteniendo cerrados los ojos por el miedo.

Pero dos cariñosas manos la cogen y vuelven a colocarla en el belén.

–Ahora ya no puede mantenerse sola en pie, pobrecita ovejita; necesita un apoyo –oye decir a la madre–. Muy bien, pongámosla aquí.

La ovejita abre los ojos y su corazón brinca de alegría: ¡está apoyada en el pesebre del Niño!

«Mi deseo se ha hecho realidad», piensa feliz, mientras el Niño Jesús tiende una manita hacia ella y le sonríe.

## EL «PADRE DEL BELÉN»: FRANCISCO DE ASÍS

Muchos consideran que Francisco de Asís fue el «padre del belén». Porque en la Navidad de 1223, en una gruta del bosque de Greccio (en la provincia de Rieti) hizo el primer belén viviente. Le gustaba la pobreza y quería mostrar que Jesús también había nacido pobre.

En Greccio había simplemente un recién nacido acostado en un pesebre lleno de paja, con su madre y su padre al lado. Y también un buey y un asno que le daban calor.

Francisco quiso celebrar la misa precisamente ahí, en un ambiente similar a aquel en el que había nacido Jesús. Los pastores, campesinos y artesanos que vivían en aquella zona tomaron parte en ella.

Fue una celebración un tanto insólita, pero muy intensa, que permitió que mucha gente reviviera y comprendiera mejor el gran misterio de la Navidad.

# TOCÓN

Tocón era un tronco de madera muy muy pequeño, a diferencia de los otros trozos de madera que estaban con él en la leñera. No había ningún día que no se burlaran de él:

–Nosotros somos grandes y robustos –le decían, engreídos–. Somos lo que se necesita para hacer una buena hoguera en la chimenea y caldear las largas noches de invierno. Pero, pobrecito, para poco sirves tú: eres tan pequeño que podrías encender solo una llamita.

Tocón no decía nada, pero en su interior estaba muy triste.

«Es verdad –pensaba–. ¿Para qué voy a servir yo, con lo minúsculo que soy? Acabaré por quedarme siempre aquí, olvidado en esta leñera».

El tiempo pasaba, y ya había llegado diciembre, un diciembre frío y cargado de nieve. La puerta de la leñera se abría cada vez con más frecuencia: era Pedro, el dueño de la casa, que iba a coger algún tronco para meter en la chimenea.

–Cógeme a mí, cógeme a mí –le suplicaba Tocón, pero Pedro siempre escogía los troncos más gruesos.

–Adiós, adiós. ¡Nosotros nos vamos y tú aquí te quedas, Tocón, pequeño bobo! –se burlaban sus compañeros.

Tocón cada vez perdía más la esperanza de poder salir algún día de la leñera. Se sentía solo e inútil.

Hasta que un día, las manos de Pedro lo cogieron precisamente a él. Lo palparon y lo sopesaron:

–Eso es, este es el trozo de madera que necesito –le escuchó decir Tocón.

Estaba contentísimo. Ahora también él ayudaría a caldear a la familia ante el intenso frío del invierno. Aunque era pequeño, él también haría su parte, con orgullo y satisfacción.

Por eso se sorprendió mucho cuando se dio cuenta de que Pedro no lo estaba llevando a la chimenea, sino a su taller de carpintería.

Pero ¿entonces? ¿Qué estaba ocurriendo?

Durante horas, sin interrupción, Pedro trabajó el trocito de madera con sus herramientas.

Virutas de madera caían al suelo como pequeñas espirales, y Tocón sentía en su interior una sensación muy hermosa que nunca antes había experimentado. Cada vez se sentía más libre, más liviano.

De tanto en tanto, los hijos de Pedro iban a ver qué estaba haciendo su papá:

–¿Has acabado ya? –le preguntaban, impacientes.

–Pronto estará listo –respondía él.

Al final, por la mirada satisfecha con que el carpintero lo miró, Tocón se dio cuenta de que el trabajo había terminado. Pedro lo llevó al salón y se lo enseñó a toda la familia:

–¡Aquí está! –anunció, satisfecho.

Los niños aplaudieron, felices.

Tocón fue colocado en el portal del belén, junto a María, José y el Niño Jesús. Desde ahí podía ver las miradas de admiración de los troncos de leña que ardían en la chimenea: ya no era un tronco pequeño, ¡sino un precioso ángel de Navidad!

# EL TRONCO DE NAVIDAD

El tronco de Navidad es también un bonito símbolo de la Navidad, en cierto modo porque durante la fría noche de Nochebuena es muy agradable poder estar al calor delante de la chimenea, todos juntos.

Cada país tiene sus propias tradiciones al respecto. En algunos lugares se hacen en el tronco unos agujeros y el más pequeño de la familia los llena de incienso; en otros lugares, el abuelo rocía agua bendita sobre el tronco antes de quemarlo; en otros, los jóvenes lo untan con leche o miel.

En la campiña toscana, la mañana de Navidad se solía recoger la ceniza que había quedado en la chimenea debajo del tronco para luego esparcirla en los campos, mezclándola así con las semillas: ¡era un deseo de fertilidad y abundancia!

Hoy, como no todas las casas tienen chimenea, el tronco de Navidad llega a nuestras casas en forma de dulce.

# Las galletas de Nela

Nela es una anciana que vive sola en un pequeño piso en la cuarta planta. Siempre sonríe y nunca se queja, ni siquiera cuando tiene que subir a pie los tramos de escalera para llegar a su casa, porque el edificio en el que vive no tiene ascensor.

–Despacito, despacito, un escalón cada vez, y enseguida llego –dice Nela sin perder el ánimo. Los demás residentes del edificio la quieren mucho y les gusta mucho pararse a hablar con ella, que tiene siempre una palabra buena para todos.

Hoy, que es Nochebuena, doña Adela, la portera, al verla pasar la invita a entrar en su casa:

–Entre un momento, doña Nela, que tengo que darle una cosa –le dice, invitándola a entrar en su cocina.

Como cada Navidad, ha preparado galletas de jengibre y chocolate, deliciosas. Coloca unas cuantas en un plato y se lo da a Nela:

–Estas son para usted –le dice–. Sé que le gustan mucho...

–Así es –contesta Nela, contenta–. Me las comeré con mucho gusto, ¡gracias!

Al subir las escaleras, Nela escucha llorar a alguien. Es Martina, la niña que vive en el primer piso.

–¿Qué ha pasado? –le pregunta.

–A Lulú le duele un brazo –responde ella llorando, mientras le enseña su muñeca de trapo. Y es verdad: uno de los bracitos está casi descosido y le cuelga tristemente a un lado del cuerpo.

–Veamos –susurra Nela mirando de cerca a la muñeca–. Con aguja e hilo podré curarla. ¿Me dejas a Lulú durante media hora?

Martina asiente con la cabeza sorbiéndose los mocos. Pero ya no llora.

Doña Nela le ofrece una de sus galletas.

–Te espero en mi casa en un rato –le dice mientras, poco a poco, sigue subiendo por la escalera.

En la segunda planta están Teo y Leo, dos gemelos que, como de costumbre, están peleando. Doña Nela les pide que hagan las paces.

–Vamos, vamos, que en Nochebuena no hay que pelearse… –les dice, y ofreciéndoles una galleta a cada uno. Luego sigue subiendo, poco a poco.

En la tercera planta viven don Enzo y doña Elsa. También ellos están discutiendo. Discuten todos los días, y eso que llevan casados muchos años.

–Tengo razón yo, la estás colgando mal, y por eso siempre se cae –está diciendo doña Elsa teniendo en la mano la guirnalda de Navidad que su marido había colocado en la puerta pero que nunca se queda en su sitio.

–Si tanto sabes, cuélgala tú –replica don Enzo gruñendo.

–¿Qué les parece si descansan un rato? –les sugiere doña Nela, que acaba de alcanzarlos justo en ese momento. Los dos ancianos aceptan encantados las galletas que les ofrece Nela con una sonrisa.

Por fin en casa, Nela pone sobre la mesa el plato que le dio doña Adela: solo queda una galleta. Pero ella, así, está contenta: se la come, satisfecha, con una buena taza de café.

# ¿QUIÉN INVENTÓ EL PANETTONE?

Sobre el origen de uno de los dulces más típicos de la Navidad circulan muchas leyendas. La más conocida es la de Toni, el aprendiz de panadero que, en Nochebuena, mientras trabajaba preparando panes y dulces para el día siguiente, dejó caer accidentalmente los ingredientes de una tarta, azúcar y pasas, en la masa del pan. No tuvo más remedio que amasarlo todo junto… ¡El resultado fue el exquisito pan dulce que hoy llamamos panettone!

Clara y Marcos han preparado junto a su abuela unos deliciosos dulces navideños de chocolate. Esta es la receta:

## NECESITARÁS

**75 gramos de cacao amargo**

**200 gramos de azúcar**

**70 gramos de mantequilla**

**50 gramos de avellanas peladas y trituradas**

**2 huevos**

**120 gramos de galletas de mantequilla**

- Trocea la mantequilla (después de haberla sacado un poco antes del frigorífico para poder trabajarla mejor), ponla en un recipiente y trabájala con una cuchara de madera hasta que quede cremosa..

- Añade poco a poco los 100 gramos de azúcar removiendo con fuerza.

- Mete las galletas en una bolsita de papel y aplástalas con un mazo para desmigarlas (o pásalas rápidamente por la batidora). Tritura las avellanas con la batidora. Añade el cacao, las avellanas trituradas, las migas de galleta y los huevos a la mezcla de la mantequilla blanda con el azúcar. Remueve todo hasta conseguir una pasta homogénea y métela en el frigorífico durante media hora.

- Forma con las manos unas bolitas del tamaño de una nuez. Pon el azúcar restante en un plato y reboza las bolitas en ella.

- Luego déjalas reposar sobre una bandeja dentro del frigorífico durante 3 o 4 horas.

# LUCES DE NAVIDAD

Aquella Navidad, don Agénor había decidido adornar su casa con los adornos más brillantes que jamás se hubieran visto. Comenzó por el árbol de Navidad, en el jardín: un abeto altísimo, que Agénor llenó de luces y lucecitas, hasta que fue luminosísimo. Seguro que no había ninguno tan resplandeciente en todo el pueblo, y menos aún en los alrededores.

Pero don Agénor no estaba satisfecho. También diseminó luces por los setos que rodeaban su casa. El resultado fue considerable. Parecía que nubes de luciérnagas fuera de temporada se habían reunido en su jardín. Dejaría con la boca abierta a todos los que contemplaran aquellas luces intermitentes.

Pero don Agénor seguía sin estar satisfecho. Decidió poner también luces por las fachadas de todas las habitaciones: en las paredes, en el tejado..., incluso en la chimenea y los balcones. Y para culminar su obra, puso en la entrada las siluetas de dos renos luminosos y de un gran trineo, completamente iluminado, en medio del césped. Para darle un último toque, colocó también unas lucecitas por el césped.

En cuanto anochecía, tac, don Agénor pulsaba un interruptor y la casa, el jardín, los setos, los renos, el trineo y el césped se convertían en un destello de luces que se veían desde lejos y atraían a los gorriones como si fueran migas de pan resplandecientes. Luego él se escondía en un rincón para escuchar los comentarios de quienes pasaban por allí.

–¡Qué esplendor! –decían algunos.

–Nunca había visto tantas luces de Navidad juntas –comentaban otros.

Y don Agénor disfrutaba muchísimo, por pura vanidad. Pero...

–Pero los adornos de Navidad más bonitos son los de José el carpintero, del pueblo de al lado –escuchaba decir a muchos transeúntes.

–Es verdad, esos sí que son auténticos adornos de Navidad –asentían otros.

Pero ¿quién era este carpintero José que tenía adornos mejores que los suyos? Agénor decidió ir a ver. Para superar a su competidor, estaba dispuesto a todo, pensaba mientras caminaba. Estaba dispuesto incluso a poner lucecitas... ¡en la punta de sus zapatos!

Llegó por fin a casa del carpintero José. También había un abeto en el jardín. Estaba adornado con pequeños objetos de madera: un angelito, un carro, un trenecito. Y muchos, muchos, minúsculos objetos de madera estaban dispersos por los setos y en el césped. Pero lo más extraño es que muchos niños entraban en el jardín como si estuvieran en su casa, escogían lo que más les gustaba y se lo llevaban.

–¡Pero bueno! –exclamó Agénor. Aquellos adornos eran simples objetos de madera (bonitos, pero ¡hombre, no tan caros y vistosos como sus luces!), pero no solo eso, ¡sino que además ese José era un necio al no darse cuenta de que aquellos mocosos se los estaban robando delante de sus narices.

Un señor que pasaba, al verlo perplejo, sintió el deber de ofrecerle una explicación:

–Es una tradición que persiste desde hace muchos años – le dijo–. Durante todo el año, José fabrica estos juguetes en su tiempo libre. Luego, durante la Navidad, los pone a disposición de todos, para que ningún niño se quede sin regalo.

Don Agénor se ruborizó, avergonzado. Cierto, ahora lo entendía: los adornos de Navidad de José eran mucho más bonitos que los suyos. Sus miles de luces no habrían podido igualar la luz que veía en los ojos de aquellos niños. Esa era la verdadera luz de la Navidad.

# FABRICA UNAS LUCES DE NAVIDAD

Navidad es la fiesta de la Luz. En algunas regiones de Italia, en esta época, existe la bonita costumbre de encender hogueras. En la Toscana, por ejemplo, la víspera de Navidad se hacen «natalecci», hogueras de Nochebuena hechas con pilas de ramas de abeto. Las hogueras se encienden en la cima de una colina, para que todos puedan verlas: su objetivo es caldear un poco la noche en la que nacerá el Niño Jesús.

Clara y Marcos se divierten fabricando luces de Navidad. Prueba a hacerlas también tú: podrás usarlas para decorar la casa o regalárselas a familiares y amigos como símbolo de buenos deseos.

## NECESITARÁS

**1 tarro de cristal**

**Sal gorda**

**1 vela pequeña**

**Uno o dos adornos navideños**

**Lazo rojo**

**Purpurina de color dorado y pegamento**

- Extiende líneas de pegamento por la parte exterior del tarro.

- Espolvorea la purpurina dorada y deja que se seque.

- Echa la sal gruesa en el interior del tarro hasta llenar más o menos un tercio de su altura.

- Anuda el lazo rojo en el cuello del tarro, y cuelga de él dos adornos navideños.

- Coloca la vela dentro y enciéndela.

# EL REGALO DEL GAITERO

**P**ino era pastor, pero todos los años, en Navidad, dejaba al resguardo las ovejas y se iba a la ciudad para tocar la gaita. Le gustaba mucho esta costumbre, que había aprendido de su padre, quien, a su vez, la había aprendido del suyo. Había fabricado la gaita con sus propias manos, y se había convertido para él en una compañía fiable y segura:

–Es como una criatura viva –repetía Pino a menudo, convencido–, tiene su propio aliento y su propia voz, que cambia de vez en cuando, según los días y las estaciones.

Su gaita tenía un aroma particular, una mezcla de cabra, madera vieja, cera y humo. Quizá no resultara agradable para todos, pero para él era tan familiar que no podía dormirse por la noche sin tenerla al lado.

En la ciudad, Pino salía de casa pronto por la mañana y se iba a tocar en la plaza y por las calles. Con su música conseguía crear una atmósfera especial, y la gente solía detenerse a escucharlo, dejándole una moneda como agradecimiento.

Lamentablemente, aquel día no había tenido mucha suerte. Nevaba y hacía frío. La gente, atareada con las compras navideñas, no se había preocupado mucho de él. Ahora, cansado, regresaba a casa.

En la estación, el tren llegaba con retraso, y se había formado una pequeña muchedumbre nerviosa e impaciente. Una familia atrajo su atención: una madre, un padre y un niño que parecía recién nacido, que estaban un poco apartados, un poco desorientados por la aglomeración que los rodeaba.

«Deben ser extranjeros», pensó Pino.

La mujer llevaba un velo que le cubría el cabello: tenía el rostro cansado y un poco tenso y acunaba a su bebé, que lloraba, quizá por frío, quizá por la confusión. Su marido estaba junto a ella, sosteniéndola con el brazo. ¿Adónde irían? ¿Tendrían algún lugar donde descansar esa noche?

Pino no pudo evitar pensar en otra familia que había vivido hace ya mucho tiempo, en Belén.

Se llevó la gaita a los labios y se puso a tocar.

Como si su instrumento hubiese comprendido la importancia de ese momento, emitió un sonido tan melodioso que atrajo la atención.

Pino tocó con toda la delicadeza y la pasión que pudo. Todas las personas que estaban ahí guardaban ahora en silencio, fascinadas. Parecía un pequeño belén improvisado.

Luego llegó el tren y las personas se dispersaron, subiendo a los vagones.

La madre dirigió a Pino una mirada llena de agradecimiento, porque su bebé se había dormido y ahora sonreía en sueños. También Pino se alejó sonriendo, contento por ese pequeño regalo que le había hecho a aquel niño desconocido.

# LA LEYENDA DE LA FLOR DE PASCUA

Los regalos que se hacen desde el corazón son los más hermosos. También nos lo recuerda una leyenda mexicana que cuenta el nacimiento de la Flor de Pascua, una planta que en esta época adorna nuestras casas.

En Nochebuena, una niña tenía muchas ganas de llevar un regalo al altar, pero era tan pobre que no podía permitírselo. Un ángel le sugirió que recogiera unas hierbas silvestres que crecían al borde del camino.

La niña siguió su consejo y, cuando entró en la iglesia, depositó su manojo de hierbas junto a los regalos de los ricos del pueblo.

En cuanto dejó las plantas sobre el altar, se transformaron en bellísimas flores rojas.

Había nacido la Flor de Pascua, que desde ese momento se difundió por todo el mundo para recordar que lo que importa no es el valor del regalo, sino el amor con el que se da.

# El Regalo de Emma

**S**e acercaba la Navidad. Emma quería hacer un regalo a su mamá. Pero no un regalo cualquiera, de esos que se compran en las tiendas, y que después de un tiempo ya no sabes quién te lo ha regalado ni por qué. Quería un regalo especial, que dejase a su madre boquiabierta de asombro.

Necesitaba una idea. Pero a Emma no se le ocurría ninguna. Fue a pedirle consejo a su abuelo.

–Un abrazo tuyo será para mamá el regalo más bonito –le sugirió, convencido.

Emma reflexionó sobre ello. Es verdad: cuando la abrazaba, su madre se ponía siempre muy contenta. Incluso cuando estaba ocupada: por ejemplo, cuando corregía los deberes de sus alumnos o estaba atareada en la cocina o limpiando el polvo de los libros del salón.

–Un abrazo es siempre agradable –le decía, recibiéndola con los brazos abiertos.

Pero Emma estaba un poco confusa:

«¿Solo un abrazo como regalo de Navidad?», se preguntaba.

Así que decidió ir a preguntarle a su abuela.

–Si ordenas todos los días tus juguetes sin que ella tenga que pedírtelo siempre, eso sería un bonito regalo de Navidad –exclamó la abuela, riendo.

Eso también era verdad: Emma era muy desordenada, lo sabía. Cuando llegaba el momento de colocar las cosas, después de haber estado jugando, nunca tenía ganas. Siempre decía: «Luego lo coloco». Pero, por lo general, luego se le olvidaba y nunca lo hacía.

También eso podía ser un buen regalo de Navidad para mamá.

Pero había un problema: Emma no sabía si podría mantener siempre su promesa de ser ordenada. Y entonces, ¿qué pasaría?

A lo mejor tía Adela podía sugerirle otra idea. Emma fue a preguntarle también a ella.

La tía de Emma se quedó pensando un rato.

–Veamos, veamos… –dijo entornando los ojos, como si estuviese rebuscando entre sus pensamientos. Y luego exclamó–: ¡Ya lo tengo! Un bonito regalo que puedes hacerle a mamá es que no hagas berrinches cuando sea la hora de irse a la cama.

También su tía había dado en el clavo: esa era otra cosa que a Emma le costaba mucho. Por la noche, cuando llegaba el momento de irse a dormir, Emma nunca tenía sueño. Quería terminar de ver los dibujos animados. Quería hacer trenzas a su muñeca Margarita. Quería hacer pis otra vez.

Cualquier excusa era buena para quedarse levantada un poco más.

Podría prometer a su madre que iría a la cama sin protestar. Pero, en este caso también, ¿cómo haría para mantener su promesa para siempre?

En ese momento se le ocurrió una idea.

Fue a su habitación y cogió varios folios de colores. En uno escribió: «Vale por un abrazo»; en otro: «Vale para que Emma ordene de inmediato su habitación»; en otro: «Vale para que Emma se vaya enseguida a la cama». Preparó muchos, con otras cosas que se le fueron ocurriendo y que sabía que iban a gustarle a su mamá. Luego los unió todos con celo. Este cuaderno sería su regalo de Navidad: su madre podría usarlos de vez en cuando, cuando ella quisiera.

Emma sonrió, ¡estaba muy satisfecha!

# BOLSITAS DE NAVIDAD

En Navidad es muy bonito intercambiar regalos con las personas que queremos. Clara y Marcos han ayudado a su madre a envolver los regalos preparando unas bonitas bolsas para empaquetar los regalos de Navidad. Así lo han hecho.

## NECESITARÁS

**Bolsas de papel de color liso**

**Témperas o rotuladores**

**Material de distinto tipo: papel de blondas, cartulinas de colores, botones, cintas…**

**Cortapastas con formas navideñas**

**Pegamento**

Para elaborar bolsitas realmente originales, déjate llevar por tu imaginación: puedes decorarlas con dibujos y colorearlas luego con témperas o rotuladores; puedes trazar el contorno de los moldes para galletas (por ejemplo, en forma de estrella, abeto, corazón) en la cartulina, y luego recortarlas y pegarlas sobre las bolsas; puedes decorarlas con papel de blondas, con cintas, con botones... Escribe de manera original el nombre de la persona a la que vayas a dar el regalo.

# EL ANGELITO EXTRAVIADO

En el ajetreo de los días antes de Navidad, un angelito se había perdido en la tierra.

«¿Y ahora qué hago para encontrar el camino para subir al cielo?», se preguntaba, un poco desorientado: los ángeles mayores le habían dicho algo al respecto, pero ya no se acordaba...

Era Nochebuena, y por las calles de la ciudad había una gran feria navideña. La gente se arremolinaba en torno a puestos repletos de todo tipo de objetos.

De repente, el angelito vio un globo de color rojo que se le había escapado de la mano a alguien y que ascendía hacia el cielo.

«¡Así es como volveré a casa!», se dijo, encantado.

Miró a su alrededor y vio a un señor que tenía muchos globos: los estaba inflando y repartiendo entre los niños que había por allí.

–Yo también quiero uno, por favor –le dijo el angelito acercándose.

–Dame el dinero primero –le pidió aquel hombre sin ni siquiera mirarle a la cara.

—Pero es que yo no tengo dinero —balbuceó, mortificado, el ángel.

—Pues entonces, nada de globos —contestó el hombre, y lo empujó bruscamente—. ¡Fuera de aquí, no me hagas perder el tiempo!

El angelito se dio la vuelta, triste.

Pero un poco más adelante vio algo que llamó su atención. Detrás de una ventana, un montón de gente hacía cola para subir por una escalera que los llevaba hacia arriba y se movía sola. Era una escalera mecánica. Pero el angelito no había visto ninguna hasta ese momento.

«¡Seguro que es una escalera que lleva hasta el Paraíso! —exclamó para sí—. ¿Dónde iban a ir si no tantas personas?».

Y se puso a hacer cola con ellos.

La escalera subía, subía, y parecía que no iba a llegar a ninguna parte. Pero al final, ¡qué decepción!

—¡Esto no es el Paraíso! —exclamó el angelito en voz alta, decepcionado.

—¿El Paraíso? Claro que no, querido —le dijo sonriendo una señora—. Esta es la última planta de los Grandes Almacenes. ¿Te has perdido, quizá?

El angelito estaba cada vez más angustiado. Bajó de nuevo por las escaleras y deambuló mucho rato, sin saber dónde ir, hasta que llegó a una casa en las afueras.

No vio nada en particular, pero había algo que le atrajo hacia una habitación. Era la habitación de los gemelos Clara y Marcos.

Estaban en sus camitas, diciendo una oración. Había como un rayo de luz que ascendía hacia el cielo. El angelito se sintió muy feliz: ¡así era como iba a encontrar el camino para volver a casa!

Mientras se dejaba llevar hacia arriba por aquel rayo luminoso, recordó por fin lo que los ángeles más mayores le habían repetido varias veces:

—Si alguna vez te pierdes, sigue la oración sincera de un niño: llegarás derecho a tu destino.

# ÁNGELES DE NAVIDAD

Fue un ángel quien anunció a María el nacimiento de Jesús, ¿te acuerdas? Y coros de ángeles llevaron la buena noticia a los pastores durante la noche santa. Por eso no pueden faltar los ángeles entre las decoraciones de Navidad. Marcos y Clara se lo han pasado muy bien haciendo algunos angelitos con tapones de corcho. Así es como lo han hecho.

## NECESITARÁS

**Tapones de corcho de botellas de champán**
**Témperas**
**Rotuladores**
**Cartulina blanca**
**Pegamento líquido y pincel**
**Purpurina**
**Chinchetas blancas**
**Cinta adhesiva**

- Pinta la cabeza de los tapones de corcho con témpera rosa, y la parte inferior con el color que prefieras. Cuando se haya secado, dibuja con un rotulador los ojos y la boca de tu angelito.
- Dobla por la mitad la cartulina blanca y dibuja un ala a un lado, sobre el pliegue que se forme. Recórtala sin desdoblar la cartulina: obtendrás dos alas iguales con un pliegue vertical en el centro.
- Mete la chincheta en esa parte central y aplica pegamento en toda la superficie de las alas.
- Extiende purpurina y deja que se seque.
- Por último, fija las alas al tapón de corcho con la chincheta.

# Navidad en tiempos de guerra

Era casi Navidad, pero Matilde había comprendido ya que no iba a ser una celebración alegre y serena como las otras veces. Desde que empezó la guerra ya nada era como antes. Se acordaba, sobre todo, de una arruga que se le había formado en la frente a mamá, entre las dos cejas, y que ella, con su dedito, trataba inútilmente de aplanar.

Pero aquella tarde, su madre había sacado las cajas con la decoración navideña y, como cada año, le había pedido que la ayudara.

A Matilde le encantaba decorar la casa para Navidad. En especial le gustaba poner el belén: colocar en fila todas esas figuritas, decidir cuáles poner delante y cuáles un poco más atrás. Solía reservar los mejores puestos a sus figuras favoritas, como la de los dos niños que iban cogidos de la mano, o la de la mujer con una tinaja sobre la cabeza. Olvidaba algunas de un año para otro, y volver a verlas era para ella una alegría, como si hubiera encontrado un pequeño tesoro.

En una caja aparte, envuelta en paja, había algo muy especial: era un Niño Jesús de escayola, del tamaño de un bebé de verdad. Matilde sabía que tenía que cogerlo con cuidado: era muy delicado, hecho y pintado a mano por el abuelo de su madre.

Su lugar no estaba en el belén –¡habría sido un gigante comparado con las demás figuritas!–, sino en un pesebre de madera fabricado a propósito para él, que solían colocar en el mueble de la entrada.

Matilde acaba de sacarlo de su caja cuando se oyó de pronto el sonido de una sirena. Era la señal de que iba a haber un bombardeo aéreo: había que dejarlo todo para ir corriendo al refugio, un sótano cerca de allí donde se estaba al resguardo.

Solo tardaron un momento en ponerse abrigo y zapatos, y Matilde y su madre estaban ya abajo. Solo en ese instante la niña se dio cuenta de que llevaba consigo al pequeño Jesús de escayola.

–¿Me lo dejas ver? –le preguntó un niño que también había bajado al sótano con su familia. Entre tanto, otros niños se habían reunido a su alrededor. Uno de ellos comenzó a cantar en voz alta un villancico y poco a poco todos los presentes se unieron al coro.

Así, el ruido de los aviones que traían la guerra quedó cubierto por ese canto que hablaba de paz y amor. Cuando cesaron las alarmas, todos volvieron a sus casas llevando consigo el recuerdo de ese Niño con los brazos

abiertos que, como tantos siglos antes, en una gruta en Belén parecía decir: «Yo estoy aquí con vosotros».

## LA TREGUA DE NAVIDAD DE 1914

Durante la Primera guerra mundial ocurrió algo que parece una auténtica fábula. En la semana previa a la Navidad, los soldados alemanes y británicos, desplegados en el frente entre Bélgica y Francia, habían empezado a intercambiarse saludos y canciones desde las trincheras (fosas excavadas en el terreno para defenderse y ponerse a cubierto). En Nochebuena y el día de Navidad, nadie disparó. Los soldados «enemigos» dejaron sus puestos de guerra para ir hacia los otros, desarmados, y se intercambiaron comida y pequeños regalos. Este episodio recibió el nombre de «tregua de Navidad», como muestra de que el deseo de paz puede sacar lo mejor de la lógica de la guerra.

# 21

## AMBIENTE NAVIDEÑO

Las calles del centro de la ciudad estaban abarrotadas: gente entrando y saliendo de las tiendas, personas chocando unas con otras, con las manos y los brazos llenos de bolsas y paquetes, repartidores en bicicleta que se apresuraban para hacer los últimos encargos, coches que pitaban. Era la víspera de la Navidad.

Una señora que llevaba con una correa a su perrito, ataviado con un trajecito rojo adornado con lazos dorados, se puso a discutir con un hombre corpulento que descargaba cajas de champán de un camión:

–¡Pero no ve usted que está aplastando a mi Rodolfo! ¡Tenga cuidado! –le gritó, enfurecida.

–¡Señora, si quiere salir a pasear con su ridículo perro, llévelo en brazos y no moleste a quienes, como yo, estamos trabajando! –le contestó él.

Vamos que, a pesar de los adornos de las tiendas y las luces de las calles, no había mucho «ambiente navideño».

Pero de repente ocurrió algo extraño. Julio, un niño que iba de la mano de su abuela, fue el primero en darse cuenta:

–¡Abuela, mira, el hombrecito verde del semáforo ha ido a ver al hombrecito rojo!

Al mirar las luces redondas del semáforo que su nieto le indicaba, la abuela no pudo contener un oooh de sorpresa. Era verdad. No solo el hombrecito verde había dejado su puesto y se había ido al de su compañero de arriba, sino que los dos se estaban saludando y abrazando como viejos amigos, muy contentos, claro está, de haberse encontrado.

Las personas que había a su alrededor comenzaron a darse también cuenta de lo que estaba pasando. Un señor se puso a gruñir:

–¡Eh, vosotros dos!, ¿pero qué os pasa? ¡Volved a vuestras obligaciones! Si no, ¿qué vamos a hacer cuando queramos cruzar la calle? ¡Y, además, con todo este tráfico!

Ya había algunos que se estaban haciendo eco de sus quejas:

–¡Dejen pasar!

–¡Tenemos prisa!

–¿Qué broma es esta?

Pero otra voz se elevó de la multitud:

–¿Sabéis qué os digo? –exclamó un señor con un bigote y una larga barba blancos–. Que ellos tienen razón. Mañana es Navidad, pero aquí seguimos todos, corriendo ajetreados, como si fuese un día cualquiera, sin prestar ni la más mínima atención a quien pasa a nuestro lado. ¿Qué sentido tiene?

–Es verdad...

–Pues sí...

Alguno, imitando a los hombrecillos del semáforo, comenzó a sonreír y saludar a quien estaba a su lado.

–¡Feliz Navidad!

–¡Feliz Navidad para ti también! –se oía por toda la calle.

Muy pronto, toda la calle se convirtió en un festival de abrazarse y estrecharse la mano. Un niño se ofreció a llevar los paquetes a una anciana que caminaba con bastón. Un conductor ofreció llevar en coche a un peatón que, como él, tenía que llegar a la otra punta de la ciudad.

Unos minutos después, el hombrecito verde bajó a su puesto. Las personas que se habían detenido en el semáforo cruzaron la calle, el tráfico volvió a moverse, como siempre.

Pero algo había cambiado. Todos parecían más contentos, en su rostro permanecía una sonrisa.

¡Ahora sí se sentía que era Navidad!

# LOS MERCADILLOS DE NAVIDAD Y...
# LOS KRAMPUS

En la ciudad, las calles principales se iluminan ya a finales de noviembre, y las tiendas parecen ir a la carrera para decorar sus escaparates.

Una tradición especial es la de los mercadillos de Navidad. Entre los más famosos están los de Viena, Estrasburgo, Núremberg… En Italia esta tradición está más extendida en el norte, sobre todo en el Trentino - Alto Adige. En el centro histórico de la ciudad se colocan puestos que venden objetos de artesanía y dulces típicos, mientras el ambiente se llena de música navideña y se respira el perfume especiado del vino caliente.

En las zonas alpinas de cultura alemana, paseando entre los mercados a principios de diciembre, es posible encontrarse con extrañas criaturas: los Krampus, personajes vestidos con pelo de cabra o de oveja, con una máscara del diablo y grandes campanas en las manos. Representan los espíritus del bosque, y el día 5 de diciembre, al anochecer, persiguen sobre todo a los niños y jóvenes y gastan alguna broma. Pero los desfiles de los Krampus son una diversión para todos, grandes y pequeños.

# La canción de Navidad

Don Bautista detestaba la Navidad. No ponía belén, no adornaba el árbol, no encendía ni siquiera una vela en señal de fiesta.

–¿Por qué iba a llenar la casa de adornos, si luego tengo que quitarlos? –se decía–. Es un esfuerzo inútil.

Ya a principios del mes de diciembre trataba de salir de casa lo menos posible: no quería ver el ambiente festivo por las calles, no quería que las personas le felicitaran al encontrarse con él.

–Soy viejo y estoy enfermo, ¿qué sentido tienen las felicitaciones? –decía sacudiendo la cabeza, fastidiado.

Ni siquiera soportaba los coros navideños que, durante el día de Nochebuena solían recorrer las calles de su ciudad.

–Ese alboroto solo provocan confusión –se lamentaba, y por eso tenía la costumbre de taparse los oídos para que nadie le molestara.

En definitiva, era un gruñón. Pero no siempre había sido así.

Antes, cuando aún vivía su mujer, todo era diferente. Todos los años ponían juntos el belén y adornaban un pequeño abeto en su jardín. La noche de Nochebuena iban juntos a medianoche a la misa del gallo y, al volver a casa, abrían los regalos que habían dejado preparados en casa. Cuando quedó viudo, y al no tener hijos, don Bautista se encerró en su dolor, y esto le llevó a aislarse cada vez más.

Aquella Nochebuena, como de costumbre, estaba encerrado en casa, solo. Pero se había olvidado de ponerse tapones en los oídos. De pronto escuchó una música navideña: era un coro de niños cantando villancicos, y sus voces provenían de muy cerca. Se asomó a la ventana y vio que estaban precisamente delante de su cada, como si su canto estuviera dedicado a él.

Fue a coger sus tapones para los oídos, pero algo se lo impidió:

–Espera nada más –cantaban las voces–. Es Navidad y no sufrirás más...

Sí, esas palabras parecían dirigidas precisamente a él. En los ojos de don Bautista asomó una lágrima que se apresuró a enjugar con un movimiento brusco. Acudieron a su mente muchas Navidades felices, vividas a lo largo de su vida, desde que era niño. Y por primera vez después de tanto tiempo sintió nostalgia por los sentimientos de alegría y de esperanza que aquel día especial había suscitado siempre en él. Así, como por instinto, se encontró asomándose e invitando a esos niños a pasar para entrar un poco en calor.

Su casa se llenó de risas, de felicitaciones, de juegos, de cuentos. Era como si don Bautista tuviera muchos nietos.

Al final, los niños se marcharon, prometiéndole que volverían enseguida a visitarle.

«Quizá sea de verdad una Navidad mejor», pensó don Bautista, pensando que, a veces, basta con un pequeño gesto para dejar de sentirse solo.

# LOS VILLANCICOS

Hace mucho tiempo, durante la época de Navidad, los niños iban en grupo por las calles de las ciudades y se detenían a cantar delante de las casas. Todavía hoy, en algunos lugares del mundo, se conserva esta hermosa tradición de los villancicos.

A Marcos y a Clara les gusta mucho cantar con sus amigos. ¿Qué villancicos te sabes tú?

Entre los más bonitos está **Noche de paz**: pide a mamá, a papá o tu abuela que la canten contigo.

**Noche de Dios, noche de paz,**
**claro el sol brilla ya,**
**y los ángeles cantando están:**
**«Gloria a Dios,**
**gloria al Rey eternal»,**
**Duerme el niño Jesús.**

**Noche feliz de Navidad,**
**viene Dios a salvar.**
**Noche buena que alumbra el amor,**
**el misterio escondido de Dios.**
**Duerme el niño Jesús.**

**Noche de Dios, noche de luz,**
**ha nacido Jesús.**
**Pastorcitos que oís anunciar,**
**no temáis cuando entréis al portal.**
**Ha nacido el amor.**

# La Cena de Nochebuena

Era Nochebuena, la víspera de Navidad, en una gran ciudad. Desde las ventanas iluminadas de las casas llegaban voces alegres que hacían pensar en familias felices sentadas en torno a mesas puestas.

En la oscuridad y el frío, un mendigo abrió el trozo de tela en el que solía guardar la poca comida que había conseguido reunir durante el día.

«Veamos qué tengo hoy para comer», se decía. Era tan solo una barra de pan con la corteza dura.

«Mejor esto que nada», pensó, y se disponía a consumir su comida cuando otro mendigo pasó por ahí.

–¿Tienes algo de comida? –le preguntó.

–Solo tengo una barra de pan– le contestó el primer mendigo.

–Bueno, yo tengo una lata de sardinas casi llena: sería perfecta con tu pan... ¿Vamos a medias? –le propuso.

Estaban los dos a punto de comer sus escasos alimentos cuando pasó por allí un tercer mendigo: llevaba una botella de vino, pero ese día no había conseguido nada de comer.

–¿Quieres quedarte con nosotros? –le preguntaron. Y él aceptó de buen grado.

Iban a compartir su modesta cena cuando se acercaron otros dos mendigos: el primero tenía unas peras demasiado maduras, y el segundo unos trozos de bollo.

–Uníos a nosotros –les invitaron los demás.

Estaban de buen humor: estaban todos contentos de estar en compañía y de tener un poco de comida.

Luego vieron a otro mendigo que los observaba desde lejos.

–Eh, tú –le llamaron–. ¿Tienes algo de comida? Si quieres, puedes compartirlo con nosotros, y nosotros a cambio te daremos algo de lo nuestro.

–Lo siento –respondió él–, pero hoy no he tenido mucha suerte y no tengo nada.

Los otros mendigos se quedaron en silencio. Todos sabían bien, porque lo habían vivido personalmente, lo que significaba tener hambre y no tener nada que comer.

–Da igual, puedes unirte a nosotros –le dijo al final uno de ellos–. Esta noche es Nochebuena, nadie debe estar solo y con el estómago vacío.

Los demás estuvieron de acuerdo con él.

Así, el sexto mendigo se unió al grupo. Cuando acabaron de comer, sacó una armónica y se puso a tocar: era su manera de dar las gracias a sus compañeros por haber querido compartir con él lo que tenían. Tocaba muy bien, y los demás lo escucharon con gran placer.

Aquel insólito banquete de Nochebuena dejó en el corazón de todos un sentimiento de alegría y gratitud: por extraño que fuese, cuando se despidieron todos tuvieron la sensación de haber dado poco y recibido mucho a cambio.

# NOCHEBUENA Y LA COMIDA DE NAVIDAD

La tradición de organizar grandes comidas en Navidad es muy antigua. En algunos lugares se comparte la cena la noche del 24 de diciembre (durante la «velada», porque se «vela» hasta la medianoche, es decir, hasta el momento del nacimiento de Jesús); en otros lugares es más común reunirse para la comida del 25.

En cualquier caso, en esta ocasión, en todas partes se trata de preparar la mesa con especial cuidado y cocinar exquisiteces, aunque los platos tradicionales varían de un país a otro. Pero una característica que comparten todos los banquetes de Navidad es la abundancia.

Para decorar la mesa de Navidad, Clara y Marcos han hecho tarjetas de mesa

## NECESITARÁS

**Cartulina roja**
**Rotuladores de color dorado o plateado**
**Lápiz**
**Tijeras**

- Toma un cuadrado de cartulina roja y dóblalo por la mitad.

- En un lateral, junto al pliegue, dibuja media hoja de acebo y recórtala sin desdoblar la cartulina: así obtendrás una hoja de acebo completa con un pliegue vertical en el centro.

- Marca bien el pliegue y luego despliega la hoja y escribe, en el lado que queda levantado, el nombre del comensal con el rotulador dorado o plateado.

# EL ÁRBOL DE NAVIDAD

**E**ra todavía principios de diciembre, pero ya se respiraba ambiente navideño en Rocadura, un pueblecito en la ladera de una montaña, tan minúsculo y bonito que parecía construido para formar parte de un belén.

Los habitantes eran pocos y se conocían todos por el nombre: cada año adornaban todos juntos un viejo abeto, majestuoso y altísimo, que se encontraba precisamente en el centro del pueblo.

El árbol de Navidad de Rocadura era tan bonito, que la gente acudía expresamente para admirarlo, incluso de otras regiones.

Los habitantes eran hospitalarios y recibían en sus casitas de piedra a quien quisiera quedarse a celebrar con ellos esta hermosa e importante celebración.

Aquel año también el pueblo hacía preparativos.

Pero una noche la montaña se puso a temblar.

–¿Qué ocurre? –se preguntaban, alarmados, los habitantes, saliendo de sus casas.

Los jóvenes nunca habían vivido nada parecido. Pero los ancianos enseguida supieron de qué se trataba.

–¡Un terremoto! –exclamaron, y esa palabra corrió de boca en boca.

El terremoto sacudió la montaña con tanta, tanta fuerza que las casas se desmoronaron como si estuviesen hechas de paja, una tras otra, hasta que en su lugar solo quedaron montículos de piedras.

Afortunadamente, los habitantes habían conseguido reunirse a tiempo en la plaza del pueblo. Cuando se contaron y comprobaron que estaban todos, suspiraron de alivio. También el viejo abeto permanecía en su sitio.

–No os preocupéis –dijo el alcalde–. Reconstruiremos Rocadura casa por casa, hasta que nuestro pueblo vuelva a ser tan bonito como antes.

Pero mientras tanto tendrían que marcharse, encontrar una casa en otro lugar, entre los pueblos vecinos.

–¡Pero no podemos irnos sin adornar nuestro árbol de Navidad! –protestó un niño cuando llegó el momento de partir.

–¡Sí, queremos nuestro árbol! –exclamaron a grandes voces los demás niños.

Los adultos no sabían qué decir.

–Pero no tenemos nada con qué decorarlo –trataron de objetar–. Todo ha quedado sepultado bajo las piedras...

–Lo adornaremos con piedras –contestaron los niños, obstinados.

Y eso hicieron. Cada uno cogió una piedra del montón de roca y arena en que se habían convertido sus casas. Había piedras grandes y pequeñas, cada una con su propia historia: la piedra de la escuela y la de la iglesia, la piedra del ayuntamiento y la del polideportivo...

Cuando terminaron la decoración del árbol, ocurrió algo extraordinario: las piedras se pusieron a brillar, como si fuesen estrellas. Todos, hasta desde muy lejos, podían verlas.

–Ahora ya podemos irnos –dijeron los habitantes.

Pero antes prometieron al abeto:

–¡Regresaremos pronto!

El árbol de Navidad de Rocadura permaneció en pie, majestuoso y esplendoroso, cargado de luces y de esperanza ante la oscuridad de la noche.

# UN SÍMBOLO DE PROSPERIDAD

El abeto es un árbol de hoja perenne que ha sido siempre símbolo de esperanza. Ya los antiguos romanos, durante el invierno, adornaban con sus ramas las casas. Hacia finales del siglo XVI se comenzó a decorar los abetos con símbolos de prosperidad (miel, nueces) y religiosos (velas). Con el paso del tiempo, los adornos fueron haciéndose más ricos: bolas de colores, estrellas, corazones, lazos…

Marcos y Clara se han entretenido mucho haciendo un árbol de Navidad de cartulina para su habitación. ¿Quieres probar a hacerlo también tú? Mira cómo lo han hecho ellos.

## NECESITARÁS

**Cartulina de dibujo de color verde**

**Papel cebolla de varios colores**

**Un lazo de tela o de regalo**

**Pegamento**

**Tijeras**

- Con ayuda de un adulto, dibuja un gran semicírculo en la cartulina, recórtalo y luego con el pegamento ciérralo en forma de cono.
- Pega el lazo alrededor del cono, comenzando desde el vértice y bajando hacia la base, como si fuese una guirnalda.
- Recorta cuadraditos de muchos colores del papel cebolla y luego, con tus manos, hazlos bolitas, que después pegarás en el árbol.

# 25
# ¡Es Navidad!

Es Navidad. Clara y Marcos han ido a misa con su madre y su padre. Al salir, se han detenido delante de la iglesia, donde hay un belén viviente.

Los dos hermanos contemplan encantados al Niño, que mira tranquilo a su alrededor y parece estar observándolo todo con sus ojos abiertos de par en par.

–Qué pequeño es... –susurra Clara, conmovida. Le gustaría mucho cogerlo en brazos...

Luego, un grupo de ángeles vestidos de blanco entona un villancico, los dos gemelos cantan se unen también al coro, mezclándose con los pastores.

Arrullado por la melodía, el pequeño, poco a poco va quedándose dormido en brazos de su Madre.

Es emocionante, parecen estar de verdad en Belén, ante Jesús recién nacido.

A su alrededor la gente sonríe, alegre.

–Jesús lleva alegría al corazón de todos –observa Marcos con convicción.

Es el milagro de Navidad, que se renueva todos los años.

# ÍNDICE